RACHEL POULTON

PHILOSOPHIE
KOMPAKT

VON DER ANTIKE BIS ZUR GEGENWART

PETERSBERG

PETERSBERG

ist ein Imprint der

HEEL Verlag GmbH
Gut Pottscheidt
53639 Königswinter
Tel.: 02223 9230-0
Fax: 02223 9230-13
E-Mail: info@heel-verlag.de
www.heel-verlag.de

Deutsche Ausgabe:
© 2022 HEEL Verlag GmbH
Petersberg ist ein Imprint der HEEL Verlag GmbH

Published by arrangement with Summersdale Publishers Ltd.
© Summersdale Publishers Ltd, 2019
An Hachette UK Company
www.hachette.co.uk

Summersdale Publishers Ltd
Part of Octopus Publishing Group Limited
www.summersdale.com

Text © Rachel Poulton
Originaltitel: "The Little Book of Philosophy"
ISBN 978-1-78685-808-5

Deutsche Ausgabe:
Satz: Stefan Witterhold, HEEL Verlag GmbH
Übersetzung und Lektorat: Ulrike Reihn-Hamburger

Printed in Czech Republic

ISBN 978-3-7553-0008-3

INHALT

Einführung 4

Vorsokratische Philosophie 7

Die „Großen Drei":
Sokrates, Platon und Aristotles 24

Östliche Philosophie 50

Philosophie der Antike 65

Philosophie des Mittelalters und der
Renaissance 83

Moderne Philosophie 98

Politische Philosophie 113

Philosophie des 20. Jahrhunderts und
der Postmoderne 146

Philosophie heute 175

Fünf philosophische Fragen 179

Weiterführende Literatur 190

Einführung

WAS IST PHILOSOPHIE?

Bei dem Stichwort „Philosophie" denken viele Menschen wohl an alte Professoren, die sich ihre langen Bärte raufen, während sie über unbeantwortbare Fragen nachdenken. Sie wird oft als hochtrabende Disziplin angesehen, ein bisschen spießig und unzugänglich. Dabei ist Philosophie nichts anderes als das Streben nach Weisheit und Wissen; das altgriechische *philosophia* bedeutet wörtlich „Liebe zur Weisheit". Ziel der Philosophie ist es, die großen Fragen des Lebens zu stellen und zu erforschen, um uns zu helfen, herauszufinden, was wir tun sollten und wie wir ein gutes Leben führen können. Bei der philosophischen Forschung geht es darum, etwas *verstehen* zu wollen, anstatt es nur zu wissen; sie ist aktiv – man *betreibt* Philosophie. Und was könnte es in einer Welt der Fake News und Fake Facts wichtigeres geben, als sich auf die Suche nach der Wahrheit zu begeben. Die Beschäftigung mit der Philosophie zeigt uns, dass passives Scrollen durch die sozialen Medien und passives Konsumieren von Informationen nicht die Antwort sind. Wir sollten Fragen stellen und die Antworten gründlich erforschen – und dabei die Reise genauso *genießen* wie das Ziel.

Philosophen sind dynamische Denker. Sie stellen seit Tausenden von Jahren Fragen und versuchen, durch Argumente und Überlegungen zu Schlussfolgerungen zu gelangen, die hoffentlich zu mehr Verständnis und Klarheit führen. Fragen wie: Was ist der Sinn des Lebens? Wer bin ich? Bin ich frei?

Angesichts der schieren Größe des Themas wäre es unmöglich, hier alle Aspekte der Philosophie zu behandeln, aber dieses Buch möchte Sie auf eine kleine Reise durch die Zeit und das Denken mitnehmen und die wichtigsten und faszinierendsten Philosophen und ihre Ideen vorstellen – Ideen, die das westliche Denken in den letzten 2.000 Jahren geprägt haben. Wir besuchen das antike Griechenland, die Wiege der westlichen Philosophie, werfen einen Blick auf die östliche Philosophie und begeben uns dann in das Mittelalter und die Renaissance. Eine Erkundung der modernen Philosophie wird uns ins 20. Jahrhundert führen, und die postmoderne Philosophie wird unsere Reise abschließen.

Auf den ersten Blick kann Philosophie überwältigend erscheinen: ein riesiges Meer von Untersuchungen und Wissen. Man kann über so ziemlich alles philosophieren: Bildung, Religion, Wissenschaft, Sprache, Feminismus – die Liste ist endlos. Aber wenn Sie dieses Buch beendet haben, sollten Sie wissen, was Metaphysik und was Erkenntnistheorie ist, was politische Philosophie und was Ethik, und Sie sollten in der Lage sein, zwischen Rationalismus und Empirismus zu unterscheiden. Sie sollten auch ein Grundverständnis für die wichtigsten philosophischen Schulen und die wichtigsten Denker haben – ein Ausgangspunkt, von dem aus Sie dann Ihre eigenen tieferen Überlegungen zu den Bereichen anstellen können, die Sie interessieren. Vor allem aber hoffe ich, dass Sie dieses Buch mit einer neu entdeckten Neugierde und einer eigenen Liebe zur Weisheit beenden.

Vorsokratische Philosophie

Seit Tausenden von Jahren versuchen Philosophen, rationale und vernünftige Antworten auf die großen Fragen des Lebens zu finden. Aber wo hat das alles angefangen? Um diese Frage zu beantworten, müssen wir über 2.500 Jahre zurückgehen, etwa ins 6. Jahrhundert v. Chr., zu einer Gruppe von Denkern, die als Vorsokratiker bekannt sind (so genannt, weil sie vor dem Titanen der Philosophie, vor Sokrates, lebten).

Sokrates beschäftigte sich mit der Frage, *wie* wir leben sollten, doch bevor er auf den Plan trat, konzentrierten sich die ersten Philosophen auf die materielle Natur der Dinge: Woraus bestehen die Erde und der Weltraum, und was ist die grundlegende Natur der Dinge? Die Vorsokratiker begnügten sich nicht mit den damals üblichen mythischen und übernatürlichen Erklärungen, sondern konzentrierten sich auf das, was sie um sich herum wahrnahmen und erlebten. Sie waren die ersten, die nach rationalen und logischen Erklärungen für das Universum suchten, anstatt sich auf die metaphorischen Lehren zu verlassen, die in den Mythen und Legenden um die heidnischen Götter enthalten waren.

Sie sahen stattdessen, dass die Welt von Regeln beherrscht wurde – dass sie geordnet und logisch war und etwas, das man studieren und verstehen konnte. Diese frühen philosophischen Denker hatten alle unterschiedliche Vorstellungen, aber die vier Elemente – Wasser, Luft, Feuer und Erde – spielten eine wichtige Rolle in ihren Theorien darüber, wie die Dinge sind.

Thales (624–546 v. Chr. – siehe Seite 10) gilt als der allererste Philosoph; er stammte aus der milesischen Denkschule. Er lebte am Mittelmeer, umgeben von Wasser, sodass seine Theorie, das Wasser sei die Grundlage von allem, verständlich ist. **Anaximander** (610–546 v. Chr.), ein Schüler Thales', konnte sich nicht erklären, wie einige Dinge – zum Beispiel Feuer – aus Wasser bestehen konnten. Er beobachtete die vier Elemente und sah sie als instabil und einander entgegengesetzt an – Wasser löscht Feuer, also wie könnte eines dieser physikalischen Elemente die Grundlage aller Dinge sein? Stattdessen schlug er vor, das Universum und alles, was sich darin befindet (der *Kosmos*), sei entstanden durch die Trennung vom „Unendlichen, Unbegrenzten", dem *apeiron*. Dieses *apeiron* ist keine Substanz, sondern etwas Geheimnisvolles, Ewiges und Grenzenloses. Anaximander glaubte, dass alles aus dem *apeiron* geschaffen wurde und bei seiner Vernichtung dorthin zurückkehren würde.

Sein Schüler **Anaximenes** (585–528 v. Chr.) widersprach Anaximanders metaphysischen Theorien. Er stellte fest, dass Luft in verschiedene Substanzen umgewandelt werden kann – sie kann kondensiert werden, um eine Wolke zu bilden, weiter kondensiert werden, um Wasser zu bilden, noch mehr kondensiert werden, um zu Erde zu werden, und in ihrer dichtesten Form wird sie zu Stein. In ihren weniger dichten oder verdünnten Formen kann Luft zu Wind oder Feuer werden. Daraus schloss er, dass Luft das grundlegende Element aller Dinge sei.

Obwohl alle drei Theorien aus heutiger Sicht ziemlich verrückt klingen – die philosophische und wissenschaftliche Forschung hatte begonnen. Diese frühen Denker beobachteten die Welt um sich herum, stellten die Vorstellung in Frage, die Welt und der *Kosmos* sei von Göttern geschaffen, und versuchten, die Komplexität und Variabilität all dessen, was uns umgibt, zu erklären. Sie beschäftigten sich mit rationaler Forschung.

THALES
624–546 V. CHR.

Thales von Milet war ein wohlhabender und weitgereister Grieche. Er lebte in der wohlhabenden Stadt Milet (in der heutigen Türkei) am Mittelmeer. Thales gilt als der erste wirkliche Philosoph und damit als Begründer der griechischen und westlichen Philosophie. Er war auch Geschäftsmann, Ingenieur, Mathematiker, Politiker und Astronom. Thales' philosophische und mathematische Forschungen stützten sich auf die Weisheit Ägyptens und Babyloniens; man nimmt an, dass er nach Ägypten reiste, wo er entdeckte, dass er die Höhe einer Pyramide berechnen konnte, indem er die Länge ihres Schattens maß. Seine geometrischen Theoreme basierten auf den Ideen der Ägypter und Babylonier.

Wie bei den meisten vorsokratischen Philosophen stammt das Wenige, das wir über sein Leben und seine Philosophie wissen, aus späteren Berichten (viele davon von Aristoteles), und es ist schwierig, viel über sein Leben oder seine Theorien herauszufinden, aber wir haben einige Ideen. In seinem Buch *Metaphysik* erklärt Aristoteles, dass Thales der erste war, der den Ursprung aller Materie in einem einzigen Element sah.

Thales hielt Wasser für den wichtigsten Lebensspender. Er beobachtete, wie es sich in Nebel, Eis, Flüssigkeit und Erde verwandeln konnte – und so lautete seine Theorie, das grundlegende Prinzip der Welt sei Wasser. Er glaubte außerdem, die Welt sei eine Scheibe, die auf dem Wasser schwimme, und Phänomene wie Erdbeben ließen sich logisch als Ergebnis von Wellen erklären, die die Erde bewegten. Obwohl er sich irrte, war Thales' Theorie bahnbrechend, denn sie markierte die Anfänge der rationalen Forschung und stellte das damalige übernatürliche Denken in Frage. Zuvor suchten die Menschen bei den Göttern nach Antworten und glaubten, dass unruhige oder zornige Götter die Erde erschaffen hatten und die Beben verursachten.

Als Astrologe soll Thales die Sonnenfinsternis von 585 v. Chr. vorausgesagt und auch die Länge eines Jahres und die Zeitpunkte der Tagundnachtgleichen und Sonnenwenden berechnet haben. Seine Faszination für die Sterne soll zu einem unglücklichen Unfall geführt haben – über den Aesop (ein Sklave und Geschichtenerzähler, der im antiken Griechenland zwischen 620 und 564 v. Chr. lebte) die Fabel „Der Astrologe, der in einen Brunnen fiel" erzählte. Es heißt, Thales sei eines Nachts so sehr damit beschäftigt gewesen, in den Himmel zu blicken, dass er in einen Brunnen stolperte, aus dem er von einer alten Frau gerettet wurde, die anmerkte, er täte besser daran, seine Augen auf irdische Dinge zu richten als auf die Geheimnisse des Himmels. Was für ein Glück für die Welt der Philosophie und der Wissenschaft, dass er beides geschafft hat.

PYTHAGORAS
CA. 570–495 V. CHR.

Pythagoras, einer der bekanntesten Vorsokratiker, glaubte, Zahlen stünden im Mittelpunkt aller Dinge. Seine Ideen beeinflussten Platon, Aristoteles und die westliche Esoterik. Vieles von dem, was wir über Pythagoras wissen, beruht (wie bei den meisten Vorsokratikern) auf Mutmaßungen, Mythen und Legenden. Er soll die Inkarnation des Gottes Apollo gewesen sein, einen goldenen Schenkel und einen magischen Pfeil besessen haben und in der Lage gewesen sein, an zwei Orten gleichzeitig zu sein. Man kann sich vorstellen, warum er eine solche Legende war.

Pythagoras stellte die Theorie auf, die Planeten und Sterne bewegten sich nach einem harmonischen mathematischen Verhältnis und erzeugten eine unhörbare Sinfonie, die „Musik der Sphären". Er ist auch bekannt für seine Theorie der *Metempsychose* – ein Glaube an die Transmigration der Seele (wenn der Körper stirbt, lebt die Seele weiter und geht in einen anderen Körper über, sei es ein menschlicher oder der eines Tieres).

Pythagoras gründete eine Gemeinschaft von Anhängern in Crotone, in Süditalien. Das Leben in der pythagoreischen Gemeinschaft konzentrierte sich auf die Verbesserung der Seele, um für das „nächste Leben"

gerüstet zu sein. Es beruhte auf den Grundsätzen des extremen Asketismus (Selbstdisziplin und Verzicht auf Vergnügungen, oft aus spirituellen oder religiösen Gründen), der Gleichheit, des Vegetarismus (obwohl Bohnen verboten waren), der Liebe zur Musik als Verbindung zum Göttlichen und der Hingabe an die Entwicklung der Psyche.

HERAKLIT
CA. 535–475 V. CHR.

Als weiterer Vorsokratiker mit radikalen Ideen, glaubte Heraklit, Feuer sei das grundlegende Element. Er war der Auffassung, alles andere sei aus dem Feuer hervorgegangen und der *Kosmos* (ein organisiertes Universum) existiere in einem ständigen Zustand des Wandels. Heraklit zufolge ist alles in ständiger Veränderung und Umwandlung begriffen, aber auch miteinander verbunden und wird von einer verborgenen Ordnung namens *Logos* getragen (*Logos* ist die göttliche Vernunft).

Heraklit ist berühmt für seine absichtlich verwirrenden Schriften (er war ziemlich elitär und der Meinung, nur Gelehrte sollten in der Lage sein, seine Lehren zu ergründen); sein Buch *Über die Natur* ist voller Wortspiele und Paradoxa, die viel Raum für Interpretationen lassen. Zum Beispiel veranschaulicht „Wir steigen in dieselben Flüsse und steigen doch nicht in dieselben Flüsse; wir sind und sind nicht" seine Überzeugung, alles um uns herum verändere sich und alle Dinge in der Welt seien in steter Bewegung. Aber – was verwirrend ist – die Dinge verändern sich zwar, bleiben aber auch gleich. Wenn wir bei der Flussmetapher bleiben, könnten wir seinen Ausspruch so interpretieren: Obwohl das Wasser um uns herumfließt und ständig neues, anderes Wasser ist, bleibt der Fluss doch derselbe; Teile der Dinge verändern sich, aber das Ganze bleibt doch gleich.

Heraklit plädierte auch für die Einheit der Gegensätze: „Was im Widerspruch steht, stimmt mit sich selbst überein." Es ist der Ausgleich gegensätzlicher Spannungen, der die Harmonie herbeiführt, und aus dieser Spannung, dem Streit, entstehen alle Dinge. Heißes wird kalt, aus Krieg wird Frieden. Heraklit glaubte, alles sei in ständiger Veränderung, „im Werden", und ein universelles Gesetz der Gerechtigkeit werde immer ausgleichend wirken. Er glaubte, wir sollten uns unserer Einheit bewusst werden und im Einklang mit dem Fluss der Natur leben, um gut zu leben.

PARMENIDES
CA. 515–450 V. CHR.

Ein anderer sehr einflussreicher vorsokratischer Philosoph, Parmenides, widersprach Heraklits Theorie vom ständigen Fluss des *Kosmos* und der steten Veränderung völlig. Er vertrat die Ansicht, die Welt sei „ein einziges Wesen", das statisch und unveränderlich sei. Das Einzige, was existiere, sei die Wirklichkeit selbst. Er glaubte, seine Philosophie (die er in dem nur fragmentarisch erhaltenen Lehrgedicht *Über die Natur* niederschrieb) sei ihm von einer Göttin übermittelt worden.

In diesem Gedicht unterscheidet er zwischen zwei Auffassungen von der Wirklichkeit – der Sinneswahrnehmung, dem „Weg der Erscheinung/Meinung", und der vernunftgeleiteten Wirklichkeit, dem „Weg der Wahrheit". Er erklärt, dass wir immer nur von Dingen denken oder sprechen können, die es gibt, also von etwas, das *ist*. Und alles, was wir darüber sagen können, ist, dass *es existiert*. Dies ist „Der Weg der Wahrheit". Er argumentiert, dass wir uns nichts vorstellen oder über etwas sprechen können, *was nicht ist*, und dass es für Dinge, die *nicht sind*, unmöglich ist, zu Dingen zu werden, die *sind*, sodass Dinge weder in der Vergangenheit noch in der Zukunft existieren können, weil weder die

Vergangenheit noch die Zukunft tatsächlich existierten. Aus dieser Überlegung – dass man sich nichts vorstellen kann, was nicht existiert – schloss er, dass das Einzige, was existiert, das Jetzt ist, eine Gegenwart, die ewig und unveränderlich ist.

Es ist verwirrend und voller Ungenauigkeiten, aber wichtig ist, dass Parmenides Logik und Sprache benutzt, um seine Theorie des Seins zu entwickeln. Er setzt die Argumentation über die Sinneserfahrung, um zu sagen, was die Realität ist.

Im zweiten Teil von *Über die Natur* betrachtete Parmenides den „Weg der Meinung". Er erklärt, jede Bewegung oder Veränderung, die wir sehen, sei einfach auf die Wahrnehmung zurückzuführen und werde durch Sinne gewonnen, die nicht zuverlässig seien.

Heraklits' Theorie des „Werdens" und Parmenides' Theorie des „Seins" markieren, obwohl sie fehlerhaft und etwas verwirrend sind, die Anfänge des metaphysischen Denkens. Beide Philosophen gelten als Begründer der **Ontologie** (des Zweigs der Metaphysik, der sich mit dem Sein, der Existenz und der Realität befasst). Parmenides befasste sich mit dem philosophischen Problem von Realität und Wahrnehmung und diskutierte das Konzept des Seins – was existiert und was nicht. Er hatte einen großen Einfluss auf Platon (und damit auf die westliche Philosophie) – Platon schrieb sogar einen nach ihm benannten Dialog, „Parmenides".

Wie wir gesehen haben, entwickelte sich das philosophische Denken und Forschen weiter. Der vorsokratische Versuch, die materielle Natur des Universums zu verstehen, hatte zu metaphysischen Theorien darüber geführt, was Realität ist und wie wir das Universum wahrnehmen sollten.

ATOMISMUS

Der Atomismus hat seinen Ursprung im 5. Jahrhundert v. Chr. mit zwei Hauptvertretern: **Leukipp** (genaue Daten unbekannt) und **Demokrit** (ca. 460–370 v. Chr.). Der Hauptgedanke des Atomismus ist, dass das Universum und alles darin aus zwei Dingen bestehen: den Atomen und der Leere. Das griechische Wort *atomon* bedeutet „unzerschneidbar" oder „unteilbar". Ein Atom ist der kleinste, undurchdringliche Teil eines chemischen Elements. Im Gegensatz zu unserer derzeitigen Definition eines Atoms haben die Atome in dieser Theorie alle unterschiedliche Formen und Größen und kreisen um einen Hohlraum.

Dem Atomismus zufolge entstehen alle Dinge, die es gibt, indem Atome zusammenstoßen und sich im leeren Raum verbinden. Die verschiedenen Objekte, die wir sehen und wahrnehmen, werden durch die Art der Atome bestimmt, aus denen jedes Objekt besteht, und durch die Art und Weise, wie sich diese unterschiedlich geformten Atome bewegen und zusammenkommen.

Der Atomismus versuchte, Heraklits Theorie des sich ständig verändernden Flusses mit Parmenides' Ideen in Einklang zu bringen, dass alles ewig und statisch sei, es keine materielle Veränderung gebe und dass alle Veränderung nur eine Illusion sei. Die Atomisten vertreten eine dezidiert materialistische und deterministische (die philosophische Vorstellung, dass Ereignisse und Entscheidungen durch vorhergehende Ursachen bestimmt sind) Sicht der Welt. Alles im Universum besteht aus Atomen und existiert als Ergebnis strenger kausaler, physikalischer Gesetze.

METAPHYSIK

Das Wort „Metaphysik" stammt aus dem Griechischen und bedeutet so viel wie „nach dem Natürlichen/über das Natürliche hinaus". Man nimmt an, dass der Begriff auf Andronikos von Rhodos zurückgeht, der im 1. Jahrhundert v. Chr. einige Schriften des Aristoteles hinter dessen acht Büchern zur *„Physik"* einsortierte und sie unter dem Titel *„Metaphysik"* zusammenfasste - *meta* bedeutet „nach", es heißt also wörtlich *„nach der Physik"*.

Die Metaphysik ist der Zweig der Philosophie, der sich mit der Existenz und der Natur der Wirklichkeit befasst - damit, wie die Dinge ins *Sein* kommen. Sie befasst sich mit den abstrakteren Konzepten des Seins, des Wissens, der Identität und der Veränderung, der Zeit und des Raums. Im Laufe der Zeit und des philosophischen Denkens haben sich einige Aspekte der Metaphysik zu eigenständigen Studienbereichen entwickelt - die Philosophie des Geistes ist beispielsweise ein großer Bereich, der immer noch mit der Metaphysik verbunden ist. Die Metaphysik stellt Fragen wie: Was ist die Wirklichkeit? Woraus besteht alles? Existieren die Dinge oder sind sie nur Ideen und Projektionen des Geistes? Gibt es Gott? Warum gibt es etwas und nicht nichts? Die Metaphysik beschäftigt sich mit der Frage, was die Ursache von allem ist, und mit der Rückführung der Schöpfung der Dinge auf die „erste Ursache". Aristoteles stellte die Theorie auf, dass es am Anfang des Universums etwas gab, das nicht durch etwas anderes verursacht wurde, und er glaubte, dass dieses „Etwas" Gott war.

Als Parmenides sagte: „Das Sein ist, das Nichtsein ist nicht", dachte er metaphysisch. Er stellte die Natur der Realität in Frage – das, was tatsächlich existiert, im Gegensatz zu der Welt, die der Mensch mit seinen Sinnen wahrnimmt.

Empiriker (Philosophen, die einen eher wissenschaftlichen, evidenzbasierten Ansatz bei der Untersuchung des menschlichen Wissens verfolgen) stehen den meisten metaphysischen Behauptungen skeptisch gegenüber, da sie im Allgemeinen nicht getestet und bewiesen werden können.

Die „Großen Drei":

SOKRATES, PLATON UND ARISTOTELES

SOKRATES
CA. 470–399 V. CHR.

Sokrates, der erste unserer „Großen Drei", wurde um 470 v. Chr. geboren und lebte in der goldenen Ära des Stadtstaates Athen. Er war insofern revolutionär, als er das philosophische Denken weg von der vorsokratischen Besessenheit, Fragen über die materielle Welt zu stellen, hin zu mehr ethischen Überlegungen lenkte – er wollte wissen, wie die Menschen ein gutes, moralisches Leben führen können.

Nach allem, was wir wissen, war Sokrates kein besonders attraktiver Mann: Er war klein, dick, hatte eine Glatze, eine plattgedrückte Nase und eine problematische Körperhygiene. Trotz seiner guten Absichten war er auch sehr irritierend. Er befragte wahllos seine Mitbürger auf den Straßen und Märkten Athens, um sie zum Nachdenken anzuregen und zu motivieren. Sokrates ist berühmt für seine Erkenntnis: „Ich weiß, dass ich nichts weiß". Er wollte, dass die Menschen die wahre Bedeutung der Dinge herausfinden und nicht nur das akzeptieren, was sie gehört oder sogar selbst gesagt haben. Anstatt mit Antworten aufzuwarten und den Menschen zu sagen, was *er* glaubte, war er der Meinung, dass der beste Weg zur Wahrheit darin bestehe, immer wieder Fragen zu stellen.

Sokrates' Art, Ideen durch Fragen zu erforschen, wurde als „Sokratische Methode" bekannt. Das Wichtigste war ihm, dass sich die Menschen selbst kennen- und ihre Seele verstehen lernen. Er glaubte, dass wenn man sich selbst kennt, man ein Leben führen kann, das dem eigenen Selbst entspricht. Die sokratische Methode ermöglicht es uns, herauszufinden, was wir denken, was wir glauben und wer wir sind – indem wir Fragen stellen, nachdenken, reden und Antworten herauskitzeln, können wir uns selbst ein wenig besser kennenlernen.

Sokrates hat selbst nichts niedergeschrieben. Was wir über ihn wissen, wissen wir aus den Berichten anderer – allen voran durch seinen Schüler Platon, der seine Ideen in Form von Dialogen und philosophischen Diskussionen festgehalten hat. In Platons Dialogen, die spannende Charaktere und lebhafte Diskussionen umfassen, ist Sokrates fast immer der Star, die Gespräche drehen sich um ihn und um konzeptionelle Fragen, wie „Was ist Liebe?" oder „Was macht ein „gutes" Leben aus?". Sokrates war der Auffassung, dass man um Liebe zu erfahren wissen musste, was Liebe ist. Und um ein „gutes" Leben zu führen wissen musste, was Tugend ist.

Und für Sokrates ist Tugend Wissen – wirklich wissen heißt, wirklich gut zu sein. Er dachte nicht, dass Menschen schlechte Dinge tun, weil sie schlecht sind. Seiner Ansicht nach handelten sie so, schlicht weil sie es nicht besser wussten. Wenn Menschen wirklich verstehen, was es bedeutet, gut zu sein und tugendhaft zu handeln, würden sie sich niemals dazu entscheiden, böse zu sein – vor allem, wenn sie verstehen, wie sehr es sie selbst und anderen verletzt. Im Grunde glaubte er, dass alles Böse im Menschen auf Unwissenheit beruht, und dass die Menschen immer das Richtige tun würden, wenn sie ihr Handeln nur hinterfragen würden.

Für Sokrates war ein Leben in philosophischer Kontemplation, in dem er all diese wichtigen Dinge herausarbeitete, die beste Art zu leben. Er war nicht an Ruhm, Macht, Geld oder Besitz interessiert, sondern glaubte wirklich, dass ein gutes Leben mit der Suche nach der Wahrheit verbracht werden sollte. Das ist es, was er meinte, als er sagte: „Das ungeprüfte Leben ist nicht lebenswert".

Sie können sich vorstellen, dass die athenische Führung nicht gerade erfreut über Sokrates war, da er die Menschen dazu ermutigte, selbst zu denken, Fragen zu stellen und die Autorität in Frage zu stellen. Er war bestrebt, die Bürger dazu zu bringen, lang gehegte Überzeugungen zu hinterfragen, insbesondere aber die Idee der Demokratie und die Gerechtigkeitspraxis des athenischen Staates. Er wurde daher als Bedrohung für den Staat angesehen und im Jahr 399 v. Chr. wegen Gottlosigkeit (d. h. des Unglaubens an die Götter des Staates) und der Verderbnis der Jugend angeklagt. Platons *Apologie* beschreibt den Prozess und wie Sokrates sich verteidigte. Er wurde seiner Verbrechen für schuldig befunden, und obwohl er die Möglichkeit hatte, eine Geldstrafe zu zahlen oder dem Gefängnis durch Bestechung zu entkommen, entschied sich Sokrates, dem Gesetz Athens zu gehorchen und einen giftigen Sud aus Schierling zu trinken. Seine Hinrichtung war für seine Freunde und Anhänger erschütternd, aber er versicherte ihnen, dass „jede Philosophie ein Training für den Tod" sei. Für Sokrates war die Philosophie wirklich eine Frage von Leben und Tod.

DIE SOKRATISCHE METHODE

Im 5. Jahrhundert v. Chr. machte sich Sokrates, der „Störenfried der Gesellschaft", daran, die athenische Gesellschaft und Politik mit bohrenden Fragen zu erschüttern. Sein Ziel war es, „die Menschen zu pieken und sie in Wut zu versetzen, alles im Dienste der Wahrheit" (aus Platons *Apologie*). Er wandte dazu die sog. sokratische Methode an: eine Form der philosophischen Untersuchung, die auf streng systematischen Fragen beruht, um kritisches Denken anzuregen. Sokrates verwickelte seine Athener Mitbürger in einen partnerschaftlichen, argumentativen Dialog, um ihre lang gehegten oder grundlegenden Überzeugungen in Frage zu stellen.

Es ging nicht darum, zu überreden oder zu überzeugen oder emotionale oder rhetorische Argumente vorzubringen, sondern der Wahrheit näher zu kommen, indem widersprüchliche Standpunkte logisch eliminiert wurden. Im Allgemeinen handelte es sich um einen gemeinschaftlichen Prozess, bei dem Ideen auf Ideen aufbauen.

In Platons Dialogen diskutieren die Figuren ein philosophisches Problem, um die Wahrheit eines Themas zu enthüllen. Sie sind fesselnd, aufschlussreich, dramatisch und manchmal auch lustig, aber die Worte von Sokrates zielten immer darauf ab, herauszufordern und zu einem größeren Verständnis zu führen.

ETHIK

Die Ethik befasst sich mit moralischen Prinzipien. Sie ist der Zweig der Philosophie, der sich mit richtigem und falschem Verhalten beschäftigt und dieses diskutiert. Die Ethik, die auch als Moralphilosophie bezeichnet wird, befasst sich mit dem, was für den Einzelnen und die Gesellschaft gut ist. Sie versucht, Begriffe wie Gut und Böse, Richtig und Falsch, Verbrechen und Gerechtigkeit, Tugend und Laster zu definieren, und fragt ganz allgemein: „Wie sollten wir leben?"

Der Begriff Ethik stammt von dem griechischen Wort *ëthikós,* was so viel bedeutet wie „den Charakter betreffend". Der Wortstamm *ethos* bedeutet „Charakter, moralische Natur". Der Begriff Tugendethik wird verwendet, um die ethischen Philosophien von Sokrates und Aristoteles zu beschreiben, die davon ausgingen, dass der individuelle Charakter die treibende Kraft hinter ethischem Handeln ist. Für Sokrates gehen Wissen und Tugend Hand in Hand und für Aristoteles führt tugendhaftes Handeln, das Tun des Richtigen, zu Glück, sodass Tugend gleich Glück ist.

In der modernen Philosophie werden drei Arten von Ethik unterschieden: Metaethik/Fundamentalethik, Normative Ethik und Angewandte Ethik. Die Metaethik befasst sich mit dem Wesen moralischer Urteile – zum Beispiel mit der Frage, was die Ursprünge und die Bedeutung ethischer Grundsätze sind. Die Normative Ethik befasst sich mit der Frage, wie Menschen aus moralischer Sicht handeln sollten. Und die Angewandte Ethik befasst sich mit großen Themen wie Krieg, Tierschutz, Abtreibung oder Todesstrafe.

PLATON
CA. 428–348 V. CHR.

Platon, unser zweiter Philosophen-Gigant, war Schüler von Sokrates und Lehrer von Aristoteles, sein Einfluss ist also enorm. Tatsächlich sagte der Philosoph und Mathematiker Alfred North Whitehead: „alle abendländische Philosophie ist als »Fußnote zu Platon« zu verstehen". Er legte nicht nur die Grundlagen für die westliche Philosophie und Wissenschaft, sondern hatte auch Einfluss auf die Mathematik, die politische Philosophie, das frühe Christentum und die Spiritualität.

Platon wurde 428 v. Chr. in eine wohlhabende und politisch einflussreiche Athener Familie hineingeboren, als junger Mann wurde er ein treuer Anhänger von Sokrates. Das meiste, was wir über Sokrates' philosophische Ideen und Methode wissen, stammt aus Platons Schriften über ihn, die als Platons Dialoge bezeichnet werden. Es wird angenommen, dass die frühen Dialoge, in denen Sokrates die Hauptrolle spielt, eigentlich Sokrates' philosophische Anliegen widerspiegeln, während die mittleren und späteren Dialoge Platons eigene Theorien über das Leben, das Universum und alles andere veranschaulichen. Wie Sokrates war er ein Liebhaber der Weisheit und widmete sein Leben der Suche nach der Wahrheit.

Platon reiste nach Ägypten und Italien und wurde von den Pythagoräern beeinflusst, denen er in Sizilien begegnete. Sie überzeugten ihn von der Bedeutung der Zahlen und machten ihn mit den Ideen einer wandernden Seele und eines Lebens nach dem Tod vertraut. Nach seinr Rückkehr nach Athen gründete er „die Akademie", die erste Universität der Welt, die sich dem Streben nach Wissen widmete. Das Ziel der Akademie war es, Philosophie, Wissenschaft und Mathematik zu studieren, um das Leben in den griechischen Staaten zu verbessern. An der Akademie lernte Platon Aristoteles kennen und unterrichtete ihn, einen weiteren philosophischen Titanen des Goldenen Zeitalters Griechenlands.

Die Bandbreite der philosophischen Themen, mit denen sich Platon beschäftigte, war sehr groß: Metaphysik, Erkenntnistheorie (siehe Seite 40), Ethik, Politik, Philosophie des Geistes, Philosophie der Sprache, Religion und Ästhetik. Er schrieb über die Seele, die Künste und Tugenden wie Mut, Gerechtigkeit, Weisheit und Frömmigkeit. Außerdem über den Staat und das Regieren, über Liebe und Freundschaft. Er erforschte die Natur durch Physik und Chemie und studierte Physiologie und Medizin.

In seiner Formenlehre oder Ideenlehre (eine Idee, die nach Ansicht der meisten Gelehrten eher von Platon als von Sokrates stammt) unterscheidet Platon zwischen einer physischen Außenwelt, die wir mit unseren Augen und Sinnen wahrnehmen, und einer abstrakten Welt vollkommener Ideen oder Formen, die nur dem Verstand zugänglich sind. Wie Parmenides beschäftigte er sich mit den Unterschieden zwischen Erscheinung und Wirklichkeit, Meinung und Wahrheit. Platon war von der Theorie Heraklits beeinflusst, dass sich die Dinge ständig verändern oder „werden" und daher schwer zu definieren seien. Parmenides hingegen hielt Veränderungen für illusorisch und glaubte, dass sich alles in einem statischen Zustand des „Seins" befinde. Mit der Formenlehre gab Platon beiden Philosophen recht – die Welt, die wir sehen und in der wir leben, ist ständig im Wandel und vorübergehend und besteht aus Kopien einer unveränderlichen, vollkommenen Form, die in einem transzendenten Bereich angesiedelt ist. Wahres Wissen ist dauerhaft und findet sich in klar definierten Formen. Um also etwas wirklich zu wissen, müssen wir die perfekte Form, die perfekte Idee von allem verstehen. Platon war der Meinung, dass Philosophen am besten dazu geeignet seien, auf diese abstrakte Weise zu denken und die Formen zu verstehen. Gewöhnliche Menschen seien zu sehr von ihren Sinnen und den Erscheinungen abhängig. Die Wirklichkeit liege *jenseits* der Erscheinungen und erfordere tiefes philosophisches Denken, um sie zu entdecken.

Die Dinge können in der Welt des „Seins" klar definiert werden, weil sie unveränderlich und dauerhaft sind. Für Platon existiert hier alles Wissen, sodass man sagen kann, das „Wissen" sei dauerhaft. In *„Politeia"* („Der Staat") lässt Platon Sokrates die Welt der Illusion und die Welt der Wirklichkeit durch das literarische Mittel der Allegorie erklären.

Stellen Sie sich eine Gruppe von Gefangenen vor, die ihr ganzes Leben lang in einer Höhle angekettet waren. Alles, was sie sehen können, ist eine Wand vor ihnen. Hinter ihnen befindet sich ein großes Feuer, das Schatten von Menschen, Tieren und Gegenständen auf die Wand wirft. Diese Schatten sind die Realität der Gefangenen, sie sind alles, was sie kennen. Eines Tages jedoch bricht ein Gefangener aus und verlässt zaghaft die Höhle, wo er zu einer großen Sonne aufschaut und sieht, wie sie Licht auf die realen Gegenstände wirft, die so viel prächtiger und vollkommener sind als die Schatten: alles ist erleuchtet. Wenn er in die Höhle zurückkehrt, glauben die anderen nicht, was er gesehen hat – sie halten ihn für töricht und verrückt und haben kein Bedürfnis, nach oben zu schauen.

Die Höhle ist unsere Welt. Was Platon mit seinem berühmten „Höhlengleichnis" sagen will, ist, dass wir alle in dieser Welt des „Werdens" gefangen sind, in der alles illusorisch und im Wandel begriffen ist. Außerhalb der Höhle, im Reich des „Seins", liegt der wahre Sinn, und wir können ihn entdecken, wenn wir uns der Philosophie zuwenden, die Formen verstehen und die Wahrheit aufdecken, die vom Sonnenlicht erleuchtet wird.

Platon glaubte, dass die Seele eines Menschen schon vor der Geburt Zugang zum Reich der Formen habe. Durch seinen pythagoreischen Glauben an die Metempsychose (die Seelenwanderung nach dem Tod in ein anderes Lebewesen) erklärt er, dass es die Seele sei, die das wahre, in der Welt der Formen erlernte Wissen besitze. Bevor wir wiedergeboren werden, besuchen unsere Seelen die Welt der Formen und betrachten all diese vollkommenen Ideen. Wir haben also das gesamte Wissen in uns, wir müssen nur die richtigen Fragen stellen, um es zu enthüllen oder uns daran zu erinnern. Das war das Ziel Sokrates', wenn er dazu aufforderte, sich an die Philosophie zu wenden, um die eigentliche Wahrheit zu erkennen – andernfalls würden wir für immer in einer Welt der Illusion gefangen bleiben.

In einer Reihe von Dialogen, darunter „*Politeia*" und „*Nomoi*", befasst sich Platon mit dem Staat und legt seine politischen Ideale dar. Er spricht von einer sehr hierarchischen Struktur der Gesellschaft, wobei der perfekte Staat aus einer denkenden Elite (im Grunde Philosophen oder Herrscher), Soldaten, die zur Verteidigung da sind, und unterhalb der Soldaten den Arbeitern besteht. Die Herrscher sollten sich in die Philosophie vertiefen, um aus einer Position der Weisheit und Vernunft heraus regieren zu können. Seiner Meinung nach basieren erfolgreiche Staaten auf einer Aristokratie mit einem Philosophenkönig als Oberhaupt. Diese Philosophenkönige sollten die Wahrheit und die Weisheit lieben, sich dem Licht zuwenden, das höchste Gut kennen und durch Geld oder Macht unbestechlich sein – viel Glück dabei!

Platons politische Philosophie war sehr totalitär. Trotz der damaligen Demokratiebestrebungen Athens hielt Platon den einfachen Mann nicht für würdig, wahlberechtigt zu sein, weil er, wie bei den Formen gesehen, keinen Zugang zum Wissen hatte. Platon hätte auch die Kunst verboten, mit der Begründung, dass die Kunst eine falsche Darstellung der vollkommenen Formen sei und daher Zeitverschwendung. Ich bin mir nicht sicher, ob das Leben in einem platonischen Staat viel Spaß gemacht hätte.

Platons philosophische Forschungen waren in der Tat sehr umfangreich, wir haben hier kaum an der Oberfläche gekratzt. Sein Tod war nicht so dramatisch wie der von Sokrates (er soll einfach im Schlaf gestorben sein), aber sein Leben war, wie das des Sokrates, von unerbittlicher Auseinandersetzung geprägt. Auf der Grundlage der von Sokrates gelegten Grundlagen lehrt uns Platon, wie man Philosophie betreibt, und wirft Fragen auf, über die wir noch 2.500 Jahre später nachdenken und die unser Leben viel reicher gemacht haben.

EPISTEMIOLOGIE

Die Epistemologie ist der Zweig der Philosophie, der sich mit der Theorie des Wissens befasst. Das Wort stammt aus dem Griechischen und bedeutet „Wissen" (*episteme*) und „logischer Diskurs" (*logos*). Es geht um die Erforschung der Natur des Wissens und darum, wie es erworben und weitergegeben wird. Der Schwerpunkt liegt auf der Unterscheidung zwischen gerechtfertigter Überzeugung und Meinung. Fragen, die sich Epistemiologen stellen könnten, sind: Was bedeutet es, wenn wir sagen, dass wir etwas wissen? Was ist Wissen? Woher wissen wir, was wir wissen? Wie wird Wissen erworben?

Bei der Frage, wie Wissen erworben wird, sprechen Philosophen von *a priori* und *a posteriori*. *A-priori*-Wissen wird durch Deduktion gewonnen und erfordert nur den Einsatz des Verstandes: Es handelt sich um Dinge, die wir bereits wissen, die selbstverständlich sind, wie die Farbe Rot, dass Schwestern weibliche Geschwister sind und grundlegende Mathematik. Dann gibt es *A-posteriori*- oder empirisches Wissen, das man nur durch Erfahrung oder durch wissenschaftliche Experimente erfahren kann. Die Erkenntnis, dass meine Tasse Tee heiß ist, setzt voraus, dass ich den Tee als heiß erlebe, und gilt daher als A-posteriori-Wissen. Alles Wissen oder alle begründeten Überzeugungen sind abgeleitet von Wissen *a priori* oder *a posteriori*.

ARISTOTELES
CA. 384–322 V. CHR.

Der dritte der „großen drei" Philosophen ist Aristoteles. Er wurde um 384 v. Chr. in Nordgriechenland geboren und ging im Alter von 17 Jahren nach Athen, um an Platons Akademie zu studieren, wo er schließlich 20 Jahre lang blieb, zunächst als Platons Schüler, dann als Lehrer. Anschließend unterrichtete er Alexander den Großen (der als größter militärischer Anführer aller Zeiten gilt, der den größten Teil der bekannten Welt eroberte und das bis dahin größte Reich der Welt schuf), bevor er in Athen seine eigene Schule, das „Lyceum", gründete. Sein Unterricht wurde als „peripatetisch" (*Peripatos* = „Wandelhalle") bezeichnet, weil er gerne auf dem Gelände umherging, während er den Schülern das Denken, Schlussfolgern und Diskutieren beibrachte.

Aristoteles hat nie aufgehört, Fragen zu stellen, auch solche, die für das tägliche Leben und das Menschsein relevant sind. Er fragte Dinge wie: Wozu dient die Kunst? Wozu sind Freunde da? Was macht die Menschen glücklich? Seine Antwort auf die letzte Frage bestand darin, einen goldenen Mittelweg zu finden; er glaubte, dass ein ausgewogenes, tugendhaftes Leben ohne zu viele Extreme zum guten Leben oder, auf Griechisch, zur *eudaimonia*, also zum „Gedeihen", führe.

In seiner *Nikomachischen Ethik* (das Buch ist seinem Sohn Nikomachos gewidmet) sagte Aristoteles: „Das Glück hängt von uns selbst ab". Er meinte damit, niemand sonst könne uns glücklich oder unglücklich machen, aber wenn wir ehrlich, freundlich, mutig, ehrenhaft, großzügig und gesund sind und uns ständig weiterbilden, werden wir ein glückliches Leben führen.

Aristoteles hat vier Aspekte der menschlichen Natur herausgearbeitet, von denen er glaubte, dass sie ausgeglichen sein müssen, um „zu gedeihen". Was er entwickelte, ist keine Raketenwissenschaft, aber es lohnt sich, einen Blick darauf zu werfen:

1. Da wir körperliche Wesen sind, müssen wir für unseren Körper sorgen, indem wir uns gut ernähren, regelmäßig Sport treiben und uns ausruhen, wenn wir müde sind. Finden Sie ein gesundes Gleichgewicht und Sie werden körperlich gedeihen.

2. Wir sollten auch versuchen, ein emotionales Gleichgewicht zu finden und sicherstellen, dass wir Dinge vermeiden, die uns unglücklich machen, und mehr Dinge tun, die uns ein gutes Gefühl geben.

3. Da wir Menschen am besten in Gruppen funktionieren, ist das Zusammenleben mit anderen Menschen sehr wichtig für das individuelle Glück.

4. Der vielleicht wichtigste Aspekt der menschlichen Natur ist unsere Fähigkeit, zu lernen, etwas zu

schaffen und uns auszudrücken. Wir werden „gedeihen", wenn wir unseren Interessen folgen und immer wieder neue Dinge lernen und erforschen.

Aristoteles' Beitrag zur *Metaphysik* bestand darin, sich von seinem Lehrer Platon zu lösen und darauf zu bestehen, dass Materie und Form etwas sehr Greifbares sind, im Gegensatz zu Platons Vorstellung, dass es eine transzendente, idealisierte Version von allem gibt (siehe Platons Formenlehre, Seite 35). Aristoteles glaubte, dass die Wirklichkeit hier und jetzt ist und dass es klare und eindeutige Möglichkeiten gibt, das, was vor uns liegt, zu definieren.

Um zu zeigen, wie wir die Dinge um uns herum immer definieren können, erklärt Aristoteles, alles habe „vier Ursachen": Erstens gibt es die *Stoffursache* – woraus etwas tatsächlich besteht – zum Beispiel: „Dieser Tisch ist aus Holz". Dann gibt es die *Formursache* – das ist die Form, die das Material annimmt. Im Beispiel des Tisches wissen wir, dass dieser Tisch ein Tisch ist, weil er vier Beine hat, die eine Platte halten, und die Form und Anordnung der Holzstücke die Form eines Tisches annehmen. Die dritte Ursache, die sogenannte *Wirkursache*, bezieht sich auf den Hersteller der Sache – in diesem Fall ist also der Möbelhersteller die effiziente Ursache für den Tisch. Die vierte Ursache ist der

Zweck einer Sache; alles ist zum Teil das, was es ist, weil es einen Zweck hat. Wir können also zweifelsfrei wissen, dass es sich um einen Tisch handelt, auch bei unkonventionellen Tischen, weil er als Tisch gedacht war, aus Tischmaterialien hergestellt ist und als Tisch benutzt wird. Diese Theorie ist fest in der materiellen Welt um uns herum verwurzelt, war aber zu Aristoteles' Zeiten bahnbrechend.

Aristoteles begründete auch die Wissenschaft der *Logik* und gab der Welt ein logisches System zur Ermittlung von Wahrheiten. Er entwickelte die Idee der deduktiven Schlussfolgerung, indem er einen sogenannten Syllogismus verwendete – eine Deduktion, die aus zwei Prämissen und einer Konklusion besteht. Zum Beispiel: „Alle Menschen sind sterblich"; „Griechen sind Menschen"; „daher sind Griechen sterblich". Wenn beide Prämissen wahr sind, können Sie Ihre Schlussfolgerung ableiten. Das ist derselbe Ansatz, den Sherlock Holmes wählen würde, wenn er einen Fall lösen will.

Aristoteles' Entwicklung des logischen Arguments und seine empirische Herangehensweise an die Naturwissenschaften lieferten uns die Blaupause für die Rationalität. Aristoteles gilt als einer der größten Männer, die je gelebt haben, und als Urahn der Wissenschaft. Seine Theorien und Ideen haben sowohl das islamische Denken als auch die christliche Theologie beeinflusst und sich auf nahezu jeden Bereich der Wissenschaft ausgewirkt, darunter Physik, Biologie, Zoologie, Geografie, Poesie, Politik und Regierung, Theater, Musik und Ethik.

SKEPTIZISMUS

Als Sokrates erklärte, er wisse nichts, zeigte er skeptische Tendenzen. Die Skeptiker sind eine Gruppe von Philosophen, die glauben, dass absolutes, sicheres Wissen unmöglich ist. Die Befürworter argumentieren überzeugend sowohl für als auch gegen eine bestimmte Aussage – ein bisschen so, als würde man mit sich selbst streiten. Durch strenge Prüfung aller Argumente für und gegen eine Aussage sind die Skeptiker zu dem Schluss gekommen, dass nichts mit absoluter Sicherheit gewusst werden kann, vor allem, wenn es um kontroverse Fragen geht wie: Gibt es Gott? Oder: Gibt es ein Leben nach dem Tod?

Die älteste Schule des Skeptizismus begann mit **Pyrrhon** (ca. 360–270 v. Chr.). Er soll mit dem Heer Alexanders des Großen nach Indien gereist sein und nach Gesprächen mit den dortigen Weisen völlig „entspannt" nach Griechenland zurückgekehrt sein und beschlossen haben, Urteile über alles einzustellen. Er fand Frieden oder *Ataraxie* (ein Zustand der *Ataraxie* „Seelenruhe" meint, dass man frei von Sorgen und Ängsten ist), indem er zu nichts eine Meinung hatte und nichts für wahr oder falsch hielt.

Heutzutage bedeutet eine skeptische Haltung, dass man an der Wahrheit von etwas zweifelt, eine direkte Anspielung auf Pyrrhon und seine „Wie-auch-immer"-Haltung. Skepsis ist im Laufe der Geschichte immer wieder aus der Mode gekommen. Die Römer waren nicht begeistert, und das Wissen darüber verschwand im Mittelalter, aber als die antiken Texte während der Renaissance und der Reformation ins Lateinische übersetzt wurden, interessierten sich die Menschen wieder für den Skeptizismus. René Descartes (siehe Seite 103) ist berühmt für seinen Versuch, den Skeptizismus herauszufordern, indem er ihn skeptisch hinterfragte. In seinen „Meditationes de prima philosophia" („Meditationen über die erste Philosophie", 1641) versuchte er zu beweisen, dass es absolute Wahrheiten gibt, indem er jede Ungewissheit in all seinen Untersuchungen ausschloss. Nachdem er unermüdlich alles untersucht hatte, kam er zu einer einzigen Gewissheit – ich denke, also existiere ich (*cogito ergo sum*). Damit bewies er, dass die antiken Denker im Unrecht waren – absolutes, sicheres Wissen ist möglich. Später, im 18. Jahrhundert, argumentierte der schottische Philosoph David Hume (siehe Seite 110), dass man nicht beweisen könne, dass irgendetwas jenseits des Verstandes existiere – er stand allem skeptisch gegenüber.

Östliche Philosophie

Während die Philosophen im antiken Griechenland den Grundstein für die westliche Philosophie, wie wir sie kennen, legten, entwickelte sich das philosophische Denken auch in Ostasien und Südasien. In ganz Indien verschmolzen verschiedene kulturelle Traditionen und Glaubensrichtungen zum Hinduismus, der heute die drittgrößte Religion der Welt ist und über einer Milliarde Anhänger zählt.

Der Hinduismus beruht auf den philosophischen Lehren, die in den alten Sanskrit-Texten, den Veden, enthalten sind. „Veda" bedeutet auf Sanskrit „Wissen" oder „Weisheit", und die Vedas gehören zu den ältesten heiligen Texten der Welt. Eine Sammlung der Veden, die Upanishaden, stammt aus der Zeit um 800 v. Chr. und befasst sich mit der Ontologie, also der philosophischen Untersuchung des Seins. Die Veden gelten als „autorenlos" oder als Worte Brahmas (eines Schöpfergottes im Hinduismus), aber viele indische Theologen glauben, dass sie das Ergebnis von Offenbarungen sind, die von Weisen während der Meditation gesehen wurden. Die Veden enthalten philosophische Konzepte und Ideen, von denen einige mit dem Buddhismus und dem Jainismus, zwei weiteren einflussreichen östlichen Philosophien, die ihren Ursprung in Indien haben, gemeinsam sind. Der Schwerpunkt des alten Hinduismus lag auf der Erkenntnis, dass menschliches Leiden auf Unwissenheit beruht und dass Wissen den Einzelnen vom Leiden befreien kann. Die hinduistische Erkenntnistheorie geht davon aus, dass Wissen durch Wahrnehmung, Schlussfolgerung, Vergleich, Aussagen zuverlässiger Experten und Realismus gewonnen wird.

Die Hindu-Philosophie befasst sich mit dem Wesen und der Beziehung zwischen Brahman (der Wirklichkeit/die Weltseele), Atman (der individuellen Seele) und Prakti (der empirischen Welt). Im Gegensatz zu den Buddhisten, die nicht an eine Seele oder ein Selbst glauben, geht der Hinduismus davon aus, dass die Seele dauerhaft und transmigrational (Seelenwanderung) ist und der ganzen Welt zugrunde liegt.

Der Jainismus ist eine weniger konventionelle indische Philosophie, die sich mit Ideen rund um Metaphysik, Realität, Kosmologie, Ontologie, Erkenntnistheorie und Göttlichkeit beschäftigt. Es besteht ein philosophischer Glaube an den Geist-Körper-Dualismus (dass Geist und Körper trennbar sind) und an die Idee, dass es ein ewiges Universum gibt. Jainisten verstehen die Wahrheit als relativ und vielschichtig und glauben, dass alle möglichen Standpunkte berücksichtigt werden können. Der Jainismus befürwortet Vegetarismus und setzt sich nachdrücklich für Gewaltlosigkeit ein. Wie der

Buddhismus und der Hinduismus folgt auch der Jainismus den Gesetzen von Karma und Moksha, wobei Moksha ein Zustand der Glückseligkeit ist, den man erreicht, wenn man von karmischen Bindungen und dem Kreislauf von Leben, Tod und Wiedergeburt befreit ist (im Buddhismus als Nirwana bekannt).

BUDDHISMUS

Der Buddhismus ist eine östliche Philosophie, die auf den Lehren Siddhartha Gautamas beruht – dem Buddha. Er wurde um 623 v. Chr. in Nepal geboren und wuchs an einem sehr privilegierten königlichen Hof auf. Nachdem er jedoch außerhalb der Grenzen seines königlichen Palastes mit Tod, Schmerz und Leiden konfrontiert wurde, beschloss er, sich auf eine Reise zu begeben, um herauszufinden, wie man das Leiden der Menschen verringern kann. Er fragte: Wie sollten wir leben?

Siddhartha erforschte viele verschiedene Wege, um die Antwort zu finden, aber erst als er unter einem Baum meditierte, erkannte er, dass der Weg zur Beendigung des Leidens darin besteht, zu ändern, wie wir *denken* und auf die negativen Dinge *reagieren*, die uns im Leben begegnen.

Dieser „Aha-Moment" wird als Siddharthas „Erleuchtung" bezeichnet, von dem an er Buddha war – „der Erleuchtete". Er beschloss, den Rest seines Lebens damit zu verbringen, die Menschen zu lehren, wie man ein angenehmeres und positiveres Leben führen kann. Er war der Meinung, dass die Menschen dem „Mittleren Weg" folgen sollten, was der Idee von Aristoteles ähnelt, dass man ein viel glücklicheres Leben führt, wenn man Extreme vermeidet.

Der Buddha sagte, man müsse die Dinge „richtig" tun. Er glaubte, dass eine Handlung dann „richtig" ist, wenn sie von der richtigen Person, am richtigen Ort, zur richtigen Zeit, aus dem richtigen Grund und auf die richtige Weise ausgeführt wird.

Buddhisten glauben, dass der Weg zur Erleuchtung über die Meditation führt, die auch dazu beiträgt, Mitgefühl, Liebe, Geduld, Großzügigkeit und Vergebung zu entwickeln – alles Tugenden, die in den Lehren des Buddha gefördert werden. Der Begriff „Buddha" bedeutet wörtlich übersetzt „erwacht". Daraus folgt, dass Menschen, die ein glückliches Leben führen wollen, sich stets darauf konzentrieren und bewusst darüber nachdenken sollten, was sie was sie sagen und tun.

Der Buddha sagte auch, es sei wichtig, die drei Arten des Seins zu verstehen. Zuallererst muss der Einzelne erkennen, dass sich alles ständig verändert, und egal, wie sehr er es versucht, er kann es nicht aufhalten. Zweitens sagte der Buddha, dass die Menschen akzeptieren müssen, dass sie immer wieder auf schwierige Situationen stoßen werden, sodass es am besten ist, die Art und Weise zu ändern, wie sie denken und darauf reagieren. Dies wird ihnen helfen, friedlicher zu leben. Drittens glaubte der Buddha, dass wir alle eins sind und dass es falsch ist, uns als getrennt voneinander oder vom Universum zu betrachten. Wir müssen verstehen, dass wir eins sind und deshalb *alle* Lebewesen lieben und für sie sorgen.

Buddhisten glauben an die Reinkarnation, die Vorstellung, dass jeder Mensch viele Leben lebt. Wir werden geboren, leben, sterben und werden dann wiedergeboren, ein Prozess, der Samsara genannt wird. Ob man ein gutes Leben hat oder nicht, hängt vom Karma ab.

KARMA

Karma ist der indische Sanskrit-Begriff für das Gesetz von Ursache und Wirkung. Nach dem karmischen Gesetz ziehen alle Handlungen und Gedanken entsprechende Belohnungen oder Bestrafungen nach sich. Auch die christliche Bibel spielt auf ein karmisches Gesetz an: „Denn was der Mensch sät, das wird er auch ernten". Wenn Sie Gutes tun, wird Gutes geschehen und Sie werden Freude und Glück empfinden. Wenn Sie Schlechtes tun, wird Schlechtes geschehen und Sie werden Unzufriedenheit erleben.

Karma sagt uns, dass wir die moralische Verantwortung für unsere Handlungen übernehmen sollen, weil sie sich auf unsere zukünftigen Leben auswirken. Jedes Individuum wird Samsara, d.h. Wiedergeburt und Tod, und damit Leiden erfahren, bis ein Zustand des Nirvana erreicht ist. Nirvana ist das höchste Ziel des Menschen und kann als ein Bewusstseinszustand beschrieben werden, in dem man frei von jeglichem Leiden oder Verlangen ist; es ist ein transzendenter Zustand von tiefem Frieden und Weisheit. Die indische Soteriologie – der Glaube an die Erlösung – besagt, dass die Befreiung aus dem Samsara-Prozess voraussetzt, dass der Einzelne in diesem Leben den richtigen Ansichten und Handlungen folgt, weil sein zukünftiges Leben davon abhängt. Daraus folgt, dass die gegenwärtigen Umstände durch die Handlungen der vergangenen Leben beeinflusst wurden. In der indischen Philosophie dient Karma als moralisches Gesetz und als Anreiz, ein moralisches Leben zu führen.

KONFUZIUS
551–479 V. CHR.

Der 551 v. Chr. im chinesischen Lu geborene Konfuzius war Lehrer, Philosoph und Politiktheoretiker. Er war ein gewöhnlicher Mann, dessen Lehren einen außergewöhnlichen Einfluss auf die ostasiatische Kultur hatte. Konfuzius widmete sein Leben dem Lernen. Im Alter von 15 Jahren suchte er die besten Lehrer und begann das Studium der sechs Künste – Ritus, Musik, Bogenschießen, Wagenrennen, Kalligraphie und Arithmetik – sowie Poesie und Geschichte. Bereits in seinen 30ern war er ein brillanter Lehrer. Er zeigte, dass durch Lernen alle Menschen, auch gewöhnliche, zu großer Weisheit und großem Wert befähigt sind. Für Konfuzius war Bildung das Herz seiner Philosophie, er sah Bildung als Hilfsmittel, Weiheit zu erlangen, den Charakter zu bilden und die Gesellschaft zu transformieren.

Konfuzius war überzeugt, in die Vergangenheit zu blicken, um herauszufinden, wie man am besten lebt. Also überlegte er, welche Traditionen Chinas überdauert hatten und warum und fand heraus, dass traditionelle Werte wie „sich um andere kümmern", „Loyalität und Respekt für die Familie und Freunde" Schlüsselwerte waren. Er schloss, dass Glück und soziale Harmonie im Aufbau einer moralischen Gemeinschaft und dem Erhalt sozialer Werte und Traditionen liegen. Der Konfuzianismus – die von Konfuzius geleerte Art des Lebens – ist eher Philosophie als Religion. Er hat seit mehr als 2000 Jahren einen tiefen Einfluss auf das spirituelle und politische Leben Chinas.

Der Konfuzianismus ist eine humanistische Philosophie (er ist nicht auf einen Gott oder den Himmel gerichtet, sondern misst den Menschen und der Gesellschaft Wichtigkeit bei). Er beginnt damit, dass das Individuum Verantwortung für sein Handeln übernimmt. Dann erweitert auf die Familie. Konfuzius glaubte an Respekt gegenüber den Eltern, den Ahnen und Ehrfurcht vor der Familie und dass es moralisch, sozial und politisch wichtig sei, ein gutes Kind, gute Eltern, Verwandter oder Freund zu sein. Konfuzianismus lehrt, dass es gut für die Gesellschaft ist, sich selbst zu verbessern, und in eine gesunde Sozialordnung mündet, was die Basis für politische Stabilität und Frieden bildet.

Konfuzius glaubte, für „gegenseitiges Verständnis" zwischen der Regierung und den Menschen sei es die Verantwortung der Regierung, die Menschen auszubilden, und dass die Anführer durch Vorbild führen sollten – sorgfältig ausgebildet und moralisch unbestechlich – eine Idee, die an Platons Philosophen-König erinnert.

Konfuzianismus machte Familienethik zu einem öffentlichen statt privatem Interesse, bei der die Gemeinschaft im Mittelpunkt steht. Die konfuzianische Ethik

beruht auf der Vorstellung, dass die Welt von einer moralischen Ordnung regiert wird. Im Zentrum der Lehre steht der Mensch als Teil der Gesellschaft. Er soll nach moralisch-ethischer Vervollkommnung streben und sich hierfür an den fünf Konstanten orientieren: Menschlichkeit/Nächstenliebe, Gerechtigkeit/Rechtschaffenheit, Sittlichkeit, Weisheit, Aufrichtigkeit / Verlässlichkeit. Daraus werden die drei sozialen Pflichten abgeleitet: Loyalität, Respekt vor den Eltern und Ahnen und Wahrung von Anstand und Sitte. Im Zentrum der Lehren steht die „Goldene Regel".

DIE GOLDENE REGEL

Auch wenn die „Goldene Regel" nicht einer bestimmten Philosophie oder Religion zugeschrieben werden kann, hat Konfuzius doch darauf geschworen. Er hielt sie für zentral für ein gutes Leben. Er mahnte die Menschen: „Was du nicht willst, das man dir tu', das füg' auch keinem andern zu. Man braucht keine anderen Gesetze. Es ist die Basis aller anderen." Die goldene Regel ist zentral für soziale Ordnung und Philosophien überall auf der Welt und Denker haben sie seit Jahrtausenden als moralischen Code für das Leben propagiert. Aristoteles sagte, wir sollten uns anderen gegenüber so verhalten, wie wir es uns von ihnen wünschen. Im Jahre 30 v. Chr. sagte Rabbi Hillel der Ältere: „Was euch verhasst ist, das tut auch euren Mitmenschen nicht an: das ist die ganze Wahrheit, das Übrige ist die Erklärung. Geht hin und lernt." Und auch Jesus sagte es um 30 n. Chr.: „Alles nun, was ihr wollt, dass euch die Menschen tun sollen, das tut ihnen auch." Auch wenn es seine kleinlichen Kritiker hat (was ist, wenn die andere Person andere Vorstellungen von Gut und Böse, Schmerz und Vergnügen hat?), so ist dieses moralische Prinzip im Grunde genommen keine Raketenwissenschaft: Sei freundlich, liebevoll und fair zu anderen, weil du möchtest, dass man sich dir gegenüber so verhält. Die Goldene Regel fördert die persönliche Verantwortung für das eigene Handeln in Bezug auf die Menschen um einen herum. Sie verlangt vom Einzelnen, sich anderen gegenüber mit Einfühlungsvermögen, Fürsorge und Mitgefühl zu verhalten, weil wir hoffen, dass andere sich uns gegenüber auch so verhalten mögen.

LAOTSE
CA. 6./5. JAHRHUNDERT V. CHR.

Laotse oder Laozi (auch bekannt als der „Alter Meister" und der etwas an Star Wars erinnernde „Überragend geheimnisvolle und Ur-Kaiser") war ein altchinesischer Philosoph und Schriftsteller, der das *Tao Te Ching* verfasst haben soll – den wichtigsten Text der Philosophie des Daoismus. Es ist nicht klar, wann Laotse lebte, oder ob er überhaupt existierte, aber manche sagen, er lebte im 6. bis 5. Jahrhundert v. Chr., wobei chinesische Legenden zahlreiche Geschichten über seine Herkunft und sein Leben erzählen. Es heißt, er sei der Historiker gewesen, der für die kaiserlichen Archive am Hof der chinesischen Zhou-Dynastie oder des Zhou-Königreichs, einer großen, mächtigen Provinz in China, zuständig war; außerdem soll er ein Zeitgenosse von Konfuzius gewesen sein.

Nachdem er der zunehmenden Unmoral und Korruption am Zhou-Hof satt hatte, beschloss er, das Reich zu verlassen, aber der Wächter bat ihn, seine Ideen aufzuschreiben. Diese Sammlung weiser Gedanken wurde als das *Tao Te Ching* bekannt, das manchmal auch als Lao Tzu bezeichnet wird und in einer Reihe von Sprüchen seine Theorie des Tao („der Weg") und des Te („Tugend" oder „moralische Güte") erläutert.

Einige Historiker bestreiten die Urheberschaft des Tao Te Ching und argumentieren, dass es von vielen verschiedenen Personen und nicht nur von Laotse geschrieben wurde, aber unabhängig davon, wer es geschrieben hat, bildet das Buch die Grundlage der als Daoismus bekannten chinesischen Denkschule. Das wichtigste Konzept im *Tao Te Ching* ist das Tao, was im Grunde „Weg" bedeutet, obwohl das Buch selbst sagt, es sei unmöglich, das Tao zu definieren. Grob gesagt ist es die große Kraft hinter dem Universum, während es gleichzeitig das Universum ist. Der Daoismus empfiehlt ein Leben in Harmonie mit dem Tao. Um diese Harmonie zu erreichen, muss der Mensch einen Zustand des *Wu Wei*, des „Nicht-Handelns" oder des „Nicht-Wirkens" einnehmen. Man muss sich in Ruhe üben, Aggression und Gewalt vermeiden und nicht nach Reichtum oder Ruhm streben. Taoisten glauben, dass es unser natürlicher Zustand ist, in Harmonie mit dem *Tao* zu sein, und dass wir zu unserem natürlichen Zustand der Harmonie und des Friedens zurückkehren können, wenn wir die Lehren des *Tao Te Ching* befolgen.

Philosophie der Antike

Nach dem „Goldenen Zeitalter" Athens und den Wundern, die von den klassischen Philosophen Sokrates, Platon und Aristoteles erforscht wurden, kam eine Zeit der Unruhen und des Chaos.

Nach dem Tod Alexanders des Großen im Jahr 323 v. Chr. zerfiel das von ihm aufgebaute Reich in gegeneinander Krieg führende Bruchstücke, die um Land und Reichtum konkurrierten. Diese Instabilität ebnete den Weg für einen zunehmend prosperierenden Stadtstaat, Rom, der an Stärke und Macht gewann und ein Imperium zu errichten begann, das auf seinem Höhepunkt um 117 n. Chr. große Teile Europas, Nordafrikas und des Nahen Ostens umfasste. Seit dem Tod Alexanders des Großen und den Anfängen des Römischen Reiches um 31 v. Chr. entwickelte sich das philosophische Denken in rasantem Tempo und neue Ideen verbreiteten sich in dem neu gegründeten Reich. Drei der einflussreichsten Denkschulen in der griechisch-römischen Welt waren der Epikureismus, der Kynismus und der Stoizismus.

EPIKUREISMUS

Der Epikureismus ist eine philosophische Lehre, die um 300 v. Chr. von dem antiken griechischen Philosophen Epikur (341–270 v. Chr.) begründet wurde. Im Mittelpunkt des Epikureismus steht ein Leben, das allen Beteiligten das größtmögliche Maß an Vergnügen bringt. Obwohl Epikur von seinen Kritikern als unmoralischer Hedonist verschrien wurde, befürwortete er kein ausschweifendes Leben, sondern vertrat die Ansicht, dass das Ziel des Lebens darin besteht, einen Zustand der Seelenruhe oder Ataraxie zu erreichen und ohne Angst oder körperliche Schmerzen zu leben – ein Zustand, der als *aponia* bekannt ist. Eine Kombination aus *ataraxia* und *aponia* bringt das größte Maß an Vergnügen, und Epikur behauptete, dass es durch Mäßigung erreicht werden kann, um die Unzufriedenheit zu vermeiden, zu der Exzess und übermäßiger Genuss führen können.

Epikur glaubte, dass die Götter in einem Raum zwischen den Welten, genannt *metakosmia*, existierten, dass sie aber kein Interesse an den menschlichen Angelegenheiten hätten, sodass die Menschen ohne Angst vor Vergeltung oder Verurteilung ihrem Glück nachgehen sollten. Er war der Meinung, unser Leben auf diesem Planeten sei kurz und wir sollten es genießen. Er glaubte, dass unser Bewusstsein und unser freier Wille dazu gedacht seien, uns ein Leben des Vergnügens zu ermöglichen, ohne das Gefühl zu haben, dass wir den Doktrinen anderer Menschen folgen müssten.

Er fand heraus, was die Menschen brauchten, um glücklich zu sein, und das waren nicht Reichtum, Status, Macht oder gar die Ehe. Für Epikur war das Leben am besten, wenn man von Freunden umgeben war und eine Arbeit verrichtete, die erfüllend und sinnvoll war (nicht, weil man reich sein wollte), und nicht so lange arbeitete, dass man keine Zeit mit Menschen verbringen konnte, die einem wichtig waren. Er schloss, dass man am besten an der Seite von Freunden lebe, und gründete eine Art Kommune in der Nähe von Athen, wo Gleichgesinnte zusammenkamen, zusammen arbeiteten, sich umeinander kümmerten und jeden Tag Zeit hatten, ihren eigenen Verstand und ihr Selbstverständnis zu verbessern und philosophische Überlegungen nachzugehen.

Epikur befasste sich auch mit der irrationalen Angst der Menschen vor dem Tod. Eine seiner Theorien, die oft als das „Kein-Schmerz-Argument" bezeichnet wird, besagt, es sei töricht, den Tod zu fürchten oder zuzulassen, dass Gedanken an den Tod uns Schmerzen bereiten, während wir leben, da wir aufhören zu existieren, wenn wir sterben, und daher keine Erfahrung mit dem Tod machen werden. Beeinflusst von den Atomisten glaubte er, dass die Seele aus winzigen Atomen bestehe, die sich nach dem Tod des Körpers in eine riesige Leere auflösen und nie wieder gesehen werden. Wenn das Ihr Los ist, warum konzentrieren Sie sich dann nicht darauf, das Beste aus sich herauszuholen, was Sie sein können, und gehen den Dingen nach, die Sie wirklich glücklich machen?

KYNISMUS

Der Kynismus entstand im 4. Jahrhundert v. Chr. im antiken Griechenland und beeinflusste später das Denken im Römischen Reich. Er geht auf die asketischen Ideen der antiken griechischen Philosophen Antisthenes, Diogenes und später auf Krates zurück. Im Mittelpunkt des Kynismus steht ein tugendhaftes Leben im Einklang mit der Natur und die Ablehnung des Strebens nach Reichtum, Besitz, sozialem Ansehen oder Macht. Das Glück liegt in der Einfachheit und der Mensch braucht nichts, um es zu erreichen. Die Idee ist, so zu leben, wie es für jeden Menschen natürlich ist, und alle aufgezwungenen Konventionen abzulehnen.

Der Kyniker entschied sich dafür, völlig authentisch zu leben, gemäß seinen natürlichen Instinkten, anstatt sich an die Erwartungen der Gesellschaft zu halten. Es war ein anarchisches „Ihr könnt mich mal" gegenüber dem Establishment: *„Ich werde nicht tun, was ihr mir sagt, denn das, was ihr mir vorschreibt, widerspricht meiner Natur* *und verleitet mich zu einem unglücklichen Streben nach sozialer Akzeptanz, Status, Reichtum etc.*" Das Ziel des Kynikers war es, die aufgezwungenen politischen und sozialen Ordnungen aktiv herauszufordern und ihnen zu entsagen und völlig ehrlich zu leben.

Einer der Begründer des Kynismus war **Diogenes von Sinope** (ca. 412–323 v. Chr.), der nach seiner Verbannung aus Sinope (in der heutigen Türkei) nach Athen gereist war, wo er von Antisthenes, einem Schüler des Sokrates, beeinflusst wurde. Diogenes entwickelte die Idee des Sokrates weiter, das Glück liege in einem Leben der Tugend und nicht des Vergnügens.

Diogenes trieb es auf die Spitze: Er lebte praktisch nackt in einem Fass auf den Straßen Athens, frei von jeglichem Besitz. Er praktizierte seine Philosophie und lebte sein Leben als echter Kyniker, der die gesellschaftlichen Normen und Erwartungen schamlos ablehnte. Er bettelte um Essen, urinierte und defäkierte, wo immer es ihm gefiel, aß, was und wo immer es ihm gefiel, und verspottete die Menschen wegen ihrer Eitelkeit und ihrer Anhänglichkeit an Ideen und Dinge, die in Wirklichkeit keine Bedeutung haben. Das Wort Kyniker kommt vom griechischen *kynikos*, was „hundeähnlich" bedeutet; Diogenes und seine Mitkyniker wurden abschätzig „Hunde" genannt, weil sie wie Hunde auf der Straße lebten.

Der Kynismus wurde später von **Krates von Theben** (ca. 365–285 v. Chr.) weiterentwickelt, einem griechischen Philosophen, der sein Vermögen verschenkte, um auf den Straßen Athens zu leben. Er verliebte sich in **Hipparchia von Maronea** (ca. 350–280 v. Chr.), ebenfalls eine Kynikerin und eine der ersten weiblichen Philosophen, und heiratete sie. Die beiden führten eine Ehe und ein Leben in völliger Gleichberechtigung, was im antiken Athen zwischen einem Mann und seiner Frau unbekannt war. Krates schrieb Gedichte, in denen er ein asketisches (selbstdiszipliniertes, genussloses) Leben befürwortete, das weder von Wünschen noch von Begierden beeinträchtigt werden sollte. Er war der Meinung, dass der Kyniker mit dem zufrieden sein sollte, was er habe, und ermutigte die Menschen, nur Linsen zu essen, da alles, was luxuriöser sei, dazu führen könnte, dass die Menschen mehr wollten und rebellisch würden. Krates war Lehrer von Zenon von Kition, der die kynischen Ideen zu der viel einflussreicheren und weitreichenden Philosophie, dem Stoizismus weiterentwickelte.

STOIZISMUS

Wie im Kynismus steht auch im Stoizismus die Tugend und das Leben im Einklang mit der Natur und dem natürlichen Zustand im Mittelpunkt. Der Stoizismus fand bei den einfachen Menschen Anklang, die ihn zu einer beliebten und praktischen Philosophie machten, die die Menschen aktiv in ihrem Leben anwenden konnten. Ursprünglich begründet wurde der Stoizismus um 300 v. Chr. von **Zenon von Kition** (ca. 334–262 v. Chr.), einem antiken griechischen Philosophen und Schüler des kynischen Philosophen Krates von Theben, und im 1. Jahrhundert n. Chr. von den römischen Philosophen Seneca (siehe Seite 75) und Epictetus (Seite 78) sowie dem römischen Kaiser und Philosophen Marc Aurel (Seite 81) weiterentwickelt.

Der Schwerpunkt des Stoizismus liegt auf der Ethik, wobei die Stoiker stark von Sokrates' Ideen beeinflusst wurden, wie wichtig es sei, „sich selbst zu erkennen", indem man seine Überzeugungen hinterfrage und ein Leben mit hohen moralischen Standards führe. Im Mittelpunkt des Stoizismus steht die Erkenntnis, dass das meiste, was wir erleben, außerhalb unserer Kontrolle liegt. Was wir kontrollieren können, ist die Art und Weise, wie wir das, was uns widerfährt, betrachten – indem wir unsere Wahrnehmung von Ereignissen ändern, können wir unsere emotionalen Reaktionen beeinflussen und so belastende Gefühle vermeiden. Epiktet brachte es auf den Punkt, als er sagte: „Es sind nicht die Dinge, die uns beunruhigen, sondern die Meinungen, die wir von den Dingen haben."

Eine weitere Möglichkeit, das Wohlbefinden zu verbessern, besteht nach dem Stoizismus darin, die Erwartungen an die Ereignisse des Lebens zu senken. Viele Enttäuschungen und emotionales Leid entstehen durch die Erwartung, dass sich die Dinge besser entwickeln, als sie es tatsächlich tun. Stattdessen sagt der Stoizismus, dass wir unserem Glücksstern für das danken sollten, was wir haben, und uns nicht über das ärgern sollten, was wir nicht haben. Es sei sinnlos, sich darüber Sorgen zu machen, wie die Dinge hätten anders laufen können. Das Leben ist zu kurz.

Heute werden die Ideen der Stoa in der kognitiven Verhaltenstherapie angewendet. Dieser Ansatz zur Behandlung von Ängsten und Depressionen ermutigt die Menschen, ihre Interpretation eines Ereignisses zu hinterfragen und zu rationalisieren, so wie es Sokrates empfahl, was wiederum ihre Gedanken und Überzeugungen darüber verändern kann.

SENECA
CA. 4 V. CHR.–65 N. CHR.

Seneca der Jüngere wurde um 4 v. Chr. in Cordoba, Spanien (damals Teil des Römischen Reiches) geboren und verbrachte einen Großteil seines Lebens in Rom als Politiker und Schriftsteller (seine tragischen Stücke sollen Shakespeare beeinflusst haben). Seine Briefe und philosophischen Schriften konzentrierten sich auf die Ethik und waren von den frühen Stoikern wie Zenon beeinflusst.

Er führte ein sehr unruhiges Leben. Er war oft körperlich unpässlich und litt unter schrecklichen Depressionen. Um 41 n. Chr. wurde er von dem neu ernannten römischen Herrscher Claudius aus Rom verbannt, weil er angeblich mit der Schwester des vorherigen Kaisers Caligula Ehebruch begangen hatte, er kehrte aber zehn Jahre später zurück, um den zukünftigen römischen Kaiser Nero zu unterrichten. Es sollte jedoch Nero sein, der ihn später tötete – Nero beschuldigte Seneca zu Unrecht, ein Komplott gegen ihn geschmiedet zu haben, und befahl Seneca, Selbstmord zu begehen.

Infolge dieses harten und turbulenten Lebens konzentrierte sich Seneca auf die Philosophie der Stoa, um seinen Schmerz zu lindern.

Seine Schriften, meist in Form von Briefen, sind ein stoizistischer Leitfaden für den Umgang mit den Widrigkeiten, aber auch mit dem Glück des Lebens.

Seneca war einer der reichsten Männer Roms, aber er warnte davor, den Reichtum zu missbrauchen oder sich von ihm abhängig zu machen, indem er sagte: „Der Weise betrachtet den Reichtum als Sklaven, der Narr als Herrn".

Er warnte auch davor, die Zeit, die man hat, zu verschwenden. In seinem kurzen Text „Über die Kürze des Lebens" schreibt er: „Wir haben kein kurzes Leben, sondern wir machen es kurz, und wir sind nicht unzureichend versorgt, sondern verschwenderisch damit." Er glaubte, dass das Glück darin liegt, sich selbst zu kennen und sich selbst zu beherrschen, vor allem die Leidenschaften wie Zorn und Angst, und wie jeder gute Stoiker bezeichnete er ein wenig Leid als charakterbildend, indem er sagte: „Leiden ist eine Prüfung, die den Menschen stärkt, während Zorn, Trauer und Angst emotionale Fallen sind, die ihn versklaven". In seinen *Briefen an Lucilius*, die gegen Ende seines Lebens geschrieben wurden, denkt er über den Tod und die stoische Idee nach, sich unseren Ängsten zu stellen, sich mit den schlimmsten Möglichkeiten abzufinden und sich mutig dem Unvermeidlichen zu stellen, im Leben und im Tod, um das Leben in vollen Zügen zu genießen.

Als Senecas Leben auf Geheiß Neros verkürzt wurde, war sein Tod schrecklich, aber „stoisch". Er nahm in aller Seelenruhe etwas Gift und schlitzte sich die Pulsadern auf, wie es Tradition war. Leider, so heißt es, blutete er nur sehr langsam und auch das Gift wirkte nur langsam, sodass er ein heißes Bad nahm, um die Blutung zu beschleunigen – und schließlich im Dampf erstickte. Armer Kerl.

EPIKTET
CA. 55–135 N. CHR.

Ein weiterer einflussreicher Stoiker, Epiktet, wurde 55 n. Chr. in die Sklaverei hineingeboren und von seinem ersten Besitzer gnadenlos behandelt, wobei er durch Schläge schreckliche Verletzungen erlitt. Sein zweiter Besitzer war jedoch viel humaner: Er nahm Epiktet nach Rom mit und erlaubte ihm, bei dem stoischen Lehrer Gaius Musonius Rufus zu studieren, und gab Epiktet schließlich die Freiheit, woraufhin sich Epiktet der Lehre zuwandte.

Von Epiktet selbst sind keine Schriften überliefert, aber sein Schüler Arrian schrieb seine Lehren in den *Diskursen des Epiktet* und dem *Enchiridion (Handbuch) des Epiktet* nieder.

Epiktets stoische Lehren richten sich an ganz normale Menschen und stützen sich auf seine eigenen Erfahrungen mit Schmerz und Leid. Er lehrte, dass wir alle, auch wenn unser Körper versklavt ist, freien Willen über unseren Geist haben – wir können unsere Überzeugungen und Gedanken kontrollieren. So ziemlich alles andere liegt außerhalb unserer

Kontrolle, sodass es sich nicht lohnt, sich darüber Gedanken zu machen. Er glaubte, dass Unglücklichsein eine Folge des Versuchs sei, das zu kontrollieren, was nicht in unserer Macht liege. Man habe jedoch die Kontrolle über das, was man tut, also sollte man seine Handlungen weise wählen.

Epiktet lehrte, dass wir uns niemals durch Verlust beunruhigen lassen sollten, weil uns eigentlich nichts gehöre. Er war der Meinung, das Einzige, was wirklich uns gehöre, sei unsere Meinung. Deshalb sei es wichtig, die Verantwortung für sich selbst und seine Meinung zu übernehmen: Man kann niemand anderem die Schuld an seinem Unglück geben, denn das Unglück selbst ist nur eine Meinung – es ist nicht das Unglück, das uns beunruhigt, sondern unser Urteil darüber. Epiktet sagt uns, das Leben halte immer Herausforderungen bereit und man werde unweigerlich von dem einen oder anderen „Curveball" getroffen. Eine stoische Haltung der Gleichgültigkeit oder sogar des Optimismus angesichts von Widrigkeiten führt hingegen zu wahrer Freiheit und einem Zustand der *ataraxie* oder des Seelenfriedens. Admiral James Stockdale, ein amerikanischer Kampfpilot, der während des Vietnamkriegs abgeschossen wurde, stützte sich auf die Lehren des Epiktet, um siebeneinhalb Jahre in Gefangenschaft zu überstehen. Er wurde grausam gefoltert, erlitt schreckliche Verletzungen und wurde jahrelang gefangen gehalten, überlebte aber dank seines heldenhaften Stoizismus'.

MARK AUREL
121-180 N. CHR.

Mark Aurel interessierte sich schon früh für Philosophie, besonders für die stoische Philosophie des Epiktet, und wandte sich ihr sein ganzes Leben lang zu. Als Kaiser regierte er das Römische Reich von 161 n. Chr. bis zu seinem Tod im Jahr 180 n. Chr. Sein Kaisertum war voller Schwierigkeiten – es gab Seuchen, Überschwemmungen, Erdbeben und Aufstände – aber mit der stoischen Weisheit als Leitfaden regierte Mark Aurel glänzend, er wird als der letzte der „fünf guten Kaiser" angesehen.

Die letzten zehn Jahre seines Lebens verbrachte er im Krieg mit germanischen Stämmen. Während dieser schwierigen Auseinandersetzungen schrieb Aurel die *Meditationen*, einen stoischen Leitfaden zur Selbsthilfe. Die Meditationen waren nicht für den allgemeinen Gebrauch bestimmt, sondern er schrieb ein Tagebuch über seine alltäglichen Erlebnisse, in dem er die Dinge aufschrieb, die ihn beunruhigten, und sie dann analysierte und aus verschiedenen Perspektiven betrachtete, um eine gesündere Einstellung zu seinen Problemen zu finden.

Als Resultat haben wir eine Vorstellung davon, wie einer der mächtigsten Männer der Welt mit seinen

Ängsten und Sorgen umging. Seine Maximen und Weisheiten zur Selbsthilfe sind auf den Durchschnittsbürger übertragbar und haben viele inspiriert, darunter US-Präsidenten wie George Washington und Bill Clinton, führende Persönlichkeiten des Militärs, Sportler und Geschäftsleute. Sogar J. K. Rowling ist ein Fan und twitterte, Mark Aurel lasse sie nie im Stich.

Wie alle guten Stoiker praktizierte Mark Aurel, was er predigte, und lebte wirklich nach den stoischen Grundsätzen, nämlich Weisheit und Tugend zu kultivieren, sich zum Wohle der Allgemeinheit gerecht zu verhalten, Versuchungen zu widerstehen und gegenüber dem, was sich seiner Kontrolle entzieht, gleichgültig zu sein. Er legte großen Wert darauf, achtsam zu leben, sich auf die anstehende Aufgabe und den gegenwärtigen Moment zu konzentrieren: „Erinnere dich daran, dass Vergangenheit und Zukunft keine Kontrolle über dich haben. Nur die Gegenwart – und selbst die kann minimiert werden. Markieren Sie einfach ihre Grenzen. Und wenn Ihr Verstand zu behaupten versucht, er könne das nicht, wehren Sie sich dagegen."

Der Stoizismus sollte noch viele Jahre lang einen großen Einfluss auf das religiöse und philosophische Denken haben.

Philosophie des Mittelalters und der Renaissance

Das Römische Reich erreichte seinen Höhepunkt im 2. Jahrhundert n. Chr., und im 4. Jahrhundert war es so groß, dass es sich in zwei Teile aufspaltete – den Osten (Byzanz) und den Westen –, und das Christentum hatte begonnen, den heidnischen Glauben zu ersetzen. Trotz seiner Macht und seines Einflusses wankte das Reich im 5. Jahrhundert n. Chr. unter seinem eigenen Gewicht. Das Weströmische Reich wurde schwach, und im Jahr 476 n. Chr. wurde Rom erobert, und Europa geriet in einen Zustand des Aufruhrs, in dem barbarische Stämme wie die Goten, Hunnen, Vandalen, Sachsen und Wikinger Amok liefen, kämpften und einfielen. Das Byzantinische Reich bestand noch weitere tausend Jahre, bis es ebenfalls Invasionsmächten erlag.

Diese Periode der Weltgeschichte zwischen dem 5. und 15. Jahrhundert – das Mittelalter – liegt zwischen der Antike und der Neuzeit. Es gilt als eine Zeit der intellektuellen Tristesse, in der nur wenig Bemerkenswertes geleistet wurde. Doch trotz der stürmischen sozialen und politischen Verhältnisse und des Mangels an historischen Aufzeichnungen haben die Philosophen weiter gedacht. Die Philosophie im Westen wurde von den frühen christlichen Denkern beherrscht, und ab dem 11. Jahrhundert wurde die Scholastik (das System der Theologie und Philosophie, das an den mittelalterlichen Universitäten gelehrt wurde und die christliche Tradition und die Dogmatik betonte – siehe auch Thomas von Aquin, Seite 87) zur dominierenden Methode des kritischen Denkens.

Währenddessen gewann im Osten eine neue Religion, der Islam, an Boden. Der Prophet Mohammed predigte einen neuen Glauben, der auf dem Koran basierte, einer Schrift, von der er glaubte, dass sie ihm von Gott durch den Engel Jibril über einen Zeitraum von 23 Jahren ab 609 n. Chr. offenbart worden sei. Es folgte eine Zeit der islamischen Expansion und ein „Goldenes Zeitalter" des islamischen Denkens. Städte wie Kairo und Cordoba in den neuen islamischen Reichen wurden zu Zentren intellektueller Aktivitäten und Philosophen blühten auf.

Entscheidend für die Welt der Philosophie war die Übersetzung vieler Werke Aristoteles' ins Arabische. Muslimische Philosophen wie **Ibn Sina**, oder **„Avicenna"** auf Lateinisch (980–1037), und **Ibn Rushd**, oder **„Averroes"** (1126–1198), studierten die Werke von Aristoteles und Platon zusammen mit der islamischen Lehre und versuchten, logische Gründe für die Existenz Gottes zu finden. Ibn Sina, ein herausragender

Arzt und Philosoph, führt in seinem philosophischen Werk *Sufficientia* eines der Argumente von Aristoteles – die Unterscheidung zwischen notwendiger und möglicher Existenz – zu seiner logischen Schlussfolgerung. Die Existenz von Dingen ist nur möglich, weil es eine Sache gibt, die ihnen vorausgeht. Wir können die Existenz auf eine erste Ursache zurückführen; etwas, das unabhängig von allem anderen existiert. Und für Ibn Sina war das Gott, das notwendige Existierende.

Nachdem die Werke von Aristoteles und Platon aus dem Altgriechischen ins Arabische übersetzt worden waren, wurden sie ins Hebräische und Lateinische übersetzt und im Westen wiederentdeckt, und so machten sich christliche Philosophen daran, die Lehren von Aristoteles (der nicht an einen personifizierten Gott, die Schöpfung oder eine unsterbliche Seele glaubte, wie es die Scholastiker wollten) und Platon mit dem christlichen Glauben in Einklang zu bringen. Der jüdische Philosoph und Arzt **Maimonides**, der 1135 in Cordoba geboren wurde, erklärte in seinem *Führer der Unschlüssigen*, dass jeder Widerspruch zwischen der Vernunft und dem Wort Gottes auf die Interpretation der Thora durch den Leser zurückzuführen sei, sodass dieser zurückgehen und erneut lesen müsse. Maimonides' Versuche, die empirischen Ideen des Aristoteles mit der Schrift in Einklang zu bringen, beeinflussten die christlichen Philosophen des Westens und insbesondere Thomas von Aquin.

THOMAS VON AQUIN
1225–1274

Thomas von Aquin wurde 1225 als Sohn eines italienischen Adligen geboren und war ein Philosoph und Theologe in der scholastischen Tradition – vom lateinischen *scholasticus*, was „Schule" bedeutet und sich auf die Art des Lehrens und Lernens bezieht, wie es in Klosterschulen und mittelalterlichen Universitäten stattfand. Die scholastische Methode besteht aus „Disputen" oder formalisierten Debatten, die darauf abzielen, durch logisches Argumentieren und die Beseitigung von Widersprüchen zu Wahrheit zu gelangen. Die Scholastiker studierten die Texte der alten Griechen, übersetzten die arabischen Kommentare der islamischen Philosophen und versuchten, Philosophie und christlichen Glauben in Einklang zu bringen.

Thomas von Aquin versuchte, genau das zu tun, und schrieb Disputationen zu allen möglichen theologischen und philosophischen Themen. In seinem berühmtesten Werk, der *Summa theologica*, legt er seine christliche Philosophie dar. Wie Aristoteles glaubte er, dass die Wahrheit durch Entdeckungen und die Vernunft erkannt wird, doch Aquin glaubte, dass einige Wahrheiten durch göttliche Offenbarung erkannt werden können. Er unterschied zwischen beiden, betrachtete

sie jedoch als sich gegenseitig ergänzend. In der *Summa* versuchte er, die Existenz Gottes auf fünf „Wegen" zu beweisen.

Aquin akzeptierte, dass das Universum und alle Dinge darin ständig in Bewegung sind, wobei alles, was sich verändert, von etwas anderem verändert worden ist, aber er war der Meinung, dass diese Bewegungskette von etwas Unveränderlichem ausgehen muss. Der erste Punkt seiner fünf Wege zum Beweis der Existenz Gottes war also, dass es einen „ersten Beweger" gebe – Gott. Gott sei der „unbewegte Beweger", von dem alle Bewegung und Veränderung ausgehe.

Sein zweiter Punkt, und der Kern seiner Theorie, war sein Glaube, dass Gott die erste Ursache sei, oder das Ding, das das Universum verursacht habe. Das Argument der ersten Ursache besagt, dass alles durch etwas verursacht werde und dass man die Ursprünge von allem auf eine ursprüngliche, erste Ursache zurückführen könne. Aquin argumentierte, dass logischerweise irgendetwas die Kette der Verursachung in Gang gesetzt haben müsse; der Kosmos musste irgendwo seinen Anfang nehmen (offensichtlich war die Theorie des Urknalls zu diesem Zeitpunkt der Geschichte noch nicht erforscht), und im Einklang mit seinen religiösen Überzeugungen sagte er, dass die nicht verursachte Ursache Gott sei. Dies schien im Widerspruch zu Aristoteles'

Überzeugung zu stehen, dass das Universum schon immer existierte. Für Aristoteles war das Universum immer in Bewegung und veränderte sich ständig, sodass es keine erste Ursache oder eine unbewirkte Schöpfung gegeben haben konnte – der Kosmos sei einfach eine unendliche Kette von Ursachen.

Der dritte Punkt war, dass Gott das notwendige Wesen sei, das Nicht-Abhängige (Gott ist im Gegensatz zu allem anderen nicht von einem anderen Wesen abhängig). Der vierte Punkt in diesem System war, dass Gott der Gipfel der Vollkommenheit sei, mit dem alle Dinge auf einer Skala von Graden verglichen werden. Und schließlich war der fünfte Punkt, dass Gott die höchste Intelligenz sei, die die Natur so lenke, dass sie auf ein Endziel hinarbeiten. Natürlich gab es viele Fehler in der Argumentation Thomas von Aquins, aber er hatte einen großen Einfluss auf die christliche Lehre des Mittelalters und wird von der katholischen Kirche als Heiliger und einer der größten Theologen angesehen.

WILLIAM VON OCKHAM
CA. 1287–1347

Ein anderer umstrittener Theologe und Philosoph, der für seine Ideen exkommuniziert wurde, William von Ockham, ging mit der philosophischen Argumentation noch einen Schritt weiter als Aquin, indem er behauptete, dass die Existenz Gottes niemals wirklich rational bewiesen werden könne. Er unterschied zwischen dem philosophischen Denken und der göttlichen Offenbarung / dem Glauben und sah keine Verbindung zwischen beiden.

William von Ockham ging es darum, die Dinge einfach zu halten. Sein Gesetz der Parsimonie – bekannt als Ockhams Rasiermesser – hatte einen bedeutenden Einfluss auf die Philosophie und die wissenschaftliche Praxis. „Parsimonie" bedeutet, sparsam mit den Ressourcen umzugehen, und Ockham vertrat die Ansicht, dass jede Theorie ein Phänomen mit der einfachsten möglichen („sparsamsten") Erklärung erklären sollte. Wenn Ihnen also mehrere Erklärungen für etwas vorgelegt werden, sollten Sie sich immer für diejenige entscheiden, die von den wenigsten Annahmen (Variablen, Faktoren oder Ursachen) abhängt oder die einfachste, logischste Erklärung ist. Ein Beispiel: Ich sehe, wie Wasser aus dem Badezimmer über mir durch die

Decke tropft. Mögliche Erklärungen sind: (a) die Badewanne ist undicht und das Wasser sickert durch die Decke; oder (b) jemand hat den Stöpsel in der Badewanne gelassen, während der Wasserhahn lief, und das Wasser hat das Badezimmer überflutet. Von den beiden Erklärungen ist (a) die wahrscheinlichste, weil sie die einfachste mit den wenigsten Variablen ist; (b) setzt voraus, dass jemand anderes involviert ist, ein Stöpsel in der Badewanne, ein laufender Wasserhahn und eine Überschwemmung! Ockhams Rasiermesser sagt uns, dass wir in jeder Situation das einfachste Szenario wählen sollten, und die Chancen stehen gut, dass wir in den meisten Fällen richtig liegen.

DIE RENAISSANCE

Im 14. Jahrhundert kam es zu einer Renaissance oder „Wiedergeburt" künstlerischer und intellektueller Aktivitäten, ausgehend von Italien, wo „Renaissance-Menschen" wie Leonardo da Vinci und Michelangelo den Begriff verkörperten. Mit dramatischen Fortschritten in Malerei, Bildhauerei, Technik, Architektur, Physik, Musik und Philosophie beeinflusste diese kulturelle Bewegung Kunst, Wissenschaft, Politik, Religion und Philosophie. Die Denker wandten sich den eher menschlichen Aspekten der Philosophie zu und konzentrierten sich auf die Realität der menschlichen Erfahrung im Hier und Jetzt. Die Humanisten der Renaissance waren Denker des 14. bis 16. Jahrhunderts, die das Lernen von der spießigen Scholastik befreiten und sich auf die Geisteswissenschaften konzentrierten, indem sie Geschichte, Poesie und Philosophie studierten, damit die Menschen sich in ihren Gemeinschaften engagieren und etwas bewirken konnten. Die Humanisten der Renaissance entdeckten die Literatur des antiken Griechenlands wieder, ebenso wie die Werke Platons und der Denkschulen des Stoizismus' und Epikureismus'. Theologie und Philosophie lösten sich mehr und mehr voneinander, und die Philosophie begann, eine größere Autonomie zu erlangen. Radikale Denker wie

Desiderius Erasmus (1466–1536) und **Martin Luther** (1483–1546) vertraten einen kritischeren und vernünftigeren Ansatz gegenüber der katholischen Kirche und stellten die Moral der katholischen Kirchenführer und ihre Lehren in Frage.

Mitte des 15. Jahrhunderts revolutionierte Johannes Gutenbergs Buchdruck mit beweglichen Lettern die Welt, da er es ermöglichte, Bücher viel schneller und billiger als zuvor zu produzieren: Dies hatte weitreichende und tiefgreifende Auswirkungen auf das Lernen und die Verbreitung von Ideen in allen Teilen der Gesellschaft – nicht nur bei gelehrten Theologen und erhabenen Philosophen.

NICCOLÒ MACHIAVELLI
1469–1527

Die Humanisten der Renaissance richteten ihren Blick auf die Geisteswissenschaften und wollten die Erfahrungen des wirklichen Lebens erforschen. Und es gab niemanden, der die Realität des menschlichen Verhaltens besser kannte als der politische Philosoph und florentinische Diplomat Niccolò Machiavelli. Machiavelli nutzte seine Erfahrungen und Beobachtungen aus der düsteren Welt der florentinischen Politik und veröffentlichte 1513 eine Art „Handbuch für Führungskräfte" mit dem Titel *Der Fürst*, in dem er dafür plädierte, gerechte und tugendhafte Führungspraktiken wie die des Mark Aurel zugunsten eines weitaus härteren und gerisseneren Ansatzes aufzugeben – einen Ansatz, den wir heute „machiavellistisch" nennen würden. Er unterrichtete die Führungspersönlichkeiten darin, wie man Macht erlangt und – was noch wichtiger ist – wie man sie erhält. Er vertrat die Ansicht, dass die Menschen im Allgemeinen ziemlich böse sind – „von der Menschheit können wir sagen, dass sie im Allgemeinen wankelmütig, heuchlerisch und gewinnsüchtig ist" –, sodass die Führer rücksichtslos sein und regieren müssen, indem sie ihren Untertanen Angst einjagen. Ein Fürst sollte bereit sein, alles zu tun, was nötig ist, um seine

Ziele zu erreichen, auch wenn das bedeute, grausam zu handeln.

Machiavelli forderte den Idealismus in der Politik heraus und bestand darauf, dass sich die Herrscher an der Realität der sozialen und politischen Bühne orientieren sollten und nicht an einem Ideal. Diese Hinwendung zum Realismus wirkte sich auch auf die Naturphilosophie aus, und große Denker wie Francis Bacon begannen, revolutionäre Entdeckungen auf dem Gebiet der Wissenschaft zu machen.

FRANCIS BACON
1561–1626

Sir Francis Bacon, ein englischer Philosoph, Staats-
mann, Essayist und Wissenschaftler, wurde 1561 in
eine sehr wohlhabende Familie geboren. Er studierte
Jura, arbeitete als Jurist und war ein erfolgreicher Politiker, der viele prestigeträchtige Regierungsposten erhielt, darunter 1618 den Posten des Hohen Lordkanz-
lers. Sein Leben war sehr bewegt: Er war sehr freigiebig
mit Geld, lebte einen verschwenderischen Lebensstil
und wurde 1598 sogar wegen seiner Schulden verhaftet.
Er geriet weiter in Verruf, als er 1621 wegen Korruption
und Bestechung angeklagt wurde, einen kurzen Aufent-
halt im Tower of London hatte und mit einem Verbot
der Übernahme politischer Ämter belegt wurde.

Trotz all dieser Gaunereien schrieb er einige einflussreiche Werke und entwickelte „die wissenschaftliche
Methode" – eine Methode zur Gewinnung von Wissen durch Beobachtung, Experiment und Deduktion.
Sein Beharren darauf, dass für die Wahrheit robuste
empirische Beweise erforderlich sind, setzte die zuvor
etablierte Methodik außer Kraft, die auf der Prämisse
basierte, dass die wissenschaftliche Wahrheit allein
durch maßgebliche Argumente erreicht werden kann,
und brachte die Wissenschaft viel näher an das heran,

was wir heute kennen. *A-priori*-Wissen, d. h. Wissen, das unabhängig von der Erfahrung ist, war out, und *a-posteriori*-Wissen, d. h. Wissen, das von der Erfahrung oder empirischen Beweisen abhängt, war in. Er sah Fortschritte in der Wissenschaft als wesentlich an, um das Leben der Menschen zu verbessern, und nicht als akademische oder persönliche Leistung, und hielt sich an den Aphorismus „Wissen ist Macht".

Moderne Philosophie

Mit ihren künstlerischen und kulturellen Errungen-
schaften markiert die Renaissance (ca. 1400–1600) den
Beginn der Neuzeit in Geschichte und Philosophie.
Denker stellten mutig die vorherrschenden Überzeu-
gungen der katholischen Kirche in Frage, die in ganz
Europa allmächtig war. 1632 veröffentlichte Galileo
Galilei, der herausragende Wissenschaftler, den *Dialog
über die zwei Weltsysteme*, in dem er das ptolemäische
Weltbild der Kirche in Frage stellte: die Erde sei der
Mittelpunkt des Universums und die Sonne drehe sich
um sie. Galilei nutzte das neu erfundene Fernrohr und
untermauerte die kopernikanische Auffassung, dass die
Erde und alle anderen Planeten um die Sonne kreisen.
Der katholischen Kirche gefiel diese Idee nicht, und
nach einem Prozess vor der Inquisition wurde Galilei
der Ketzerei für schuldig befunden und für den Rest
seines Lebens unter Hausarrest gestellt. Sein Buch
wurde verboten.

Galilei war ein Empiriker – er nutzte seine Beobachtungen und Erfahrungen in der Welt, um neue Ideen zu
entwickeln. Und es waren die Empiriker, die mit ihrem
Beharren darauf, dass alles Wissen seinen Ursprung in
der sinnlichen Erfahrung hat, Teil der modernen philosophischen Landschaft waren. Philosophen wie John

Locke und David Hume vertraten diesen empirischen Ansatz und verkörperten dieses Zeitalter der Aufklärung.

Auf der anderen Seite gab es eine Gruppe moderner Philosophen, die ihre Thesen auf den Rationalismus stützten – den Grundsatz, dass Wissen dem Verstand entspringt und einige Wahrheiten allein durch logisches Denken erkannt werden können. Philosophen wie René Descartes (Seite 103), Baruch Spinoza und Gottfried Wilhelm Leibniz nutzten ihre mathematischen Kenntnisse und ihr logisches Denken und wandten sie auf das gesamte Lernen an, indem sie den Europäischen Rationalismus nutzten, um die philosophischen Ideen in die Neuzeit zu tragen.

Neben diesen beiden unterschiedlichen Philosophierichtungen, dem Empirismus und dem Rationalismus, gab es auch große Entwicklungen in der politischen Philosophie, zu denen Denker wie Thomas Hobbes (Seite 114), Jean-Jacques Rousseau (Seite 121) und Immanuel Kant (Seite 129) mit revolutionären Ideen beitrugen.

Die modernen Philosophen begannen, sich von den Fesseln der Theologie und den antiquierten Theorien der Antike zu befreien, die das philosophische Denken in engen Grenzen gehalten hatten. Mit dem Fortschreiten der Neuzeit wurde der Einfluss der Kirche auf die Gesellschaft schwächer und das Denken wurde weniger eingeschränkt – unorthodoxe Überzeugungen wurden freier als zuvor diskutiert. Um aufgeklärt zu werden, mussten die Menschen, wie Immanuel Kant es ausdrückte, „wagen, sich seines Verstandes zu bedienen".

RATIONALISMUS

Rationalismus bedeutet, dass man Wahrheiten und Wissen durch logisches Denken erlangt, anstatt sich auf religiöse Überzeugungen, emotionale Reaktionen oder Sinneserfahrungen zu verlassen. Wir können Dinge herausfinden, indem wir das nutzen, was wir bereits wissen, und logisch zu einer Schlussfolgerung kommen – wie die Scholastiker, die daraus die Existenz Gottes ableiteten, oder **Albert Einstein** (1879–1955), der auf der Grundlage bereits vorhandener wissenschaftlicher Erkenntnisse rational oder mathematisch neue Theorien aufstellte.

Einstein glaubte fest daran, dass die Intuition bei Entdeckungen eine Rolle spiele. Zusammen mit der Deduktion und dem logischen Denken könne die Intuition dem Wissenschaftler, Philosophen oder Mathematiker eine „Ahnung" vermitteln, mit der er seine Untersuchungen beginnen kann.

Einige Rationalisten argumentieren, dass wir über angeborene Ideen verfügten, ein Wissen, das Teil unserer Natur sei. Dies geht zurück auf Platons Formenlehre und die Vorstellung, dass wir alle mit einem gewissen Maß an Wissen in uns geboren werden und dass Lernen einfach nur der Zugang zu diesem Wissen bedeutet. Vieles von dem, was wir wissen, ist *a-priori*-Wissen – es basiert auf etwas, das wir bereits wissen.

RENÉ DESCARTES
1596–1650

René Descartes, berühmt für sein „Ich denke, also bin ich", gilt als Vater der modernen Philosophie und als einer der ersten rationalistischen Philosophen. Der 1596 geborene und in Frankreich in der Tradition der Scholastik erzogene Descartes studierte Jura, entschied sich jedoch, der niederländischen Armee beizutreten, anstatt eine juristische Laufbahn einzuschlagen. Nach vielen Jahren in der Armee und nachdenklichen Wanderjahren, in denen er mit allen möglichen Menschen zusammentraf und das reiche Angebot des Lebens kennenlernte, ließ er sich in Holland nieder, wo er sich daran machte, seine Abhandlungen zu schreiben und die Welt der Mathematik, Wissenschaft und Philosophie zu modernisieren.

Im Jahr 1637 schrieb er den *Discours de la méthode*, gefolgt von den *Meditationen über die erste Philosophie* im Jahr 1641, in denen er versuchte, eine Philosophie zu schaffen, die sich von den vorhergehenden unterscheidet. Seine Methode beruhte auf sorgfältiger Argumentation. Er war ein Rationalist, der für eine langsame, stetige und solide Untersuchung aller Erkenntnisse eintrat, um Unsicherheiten zu beseitigen. Für Descartes war alles anfechtbar. Sein philosophisches und erkennt-

nistheoretisches Streben galt universellen Antworten –
er wollte nur an Wissen glauben, das über jeden Zweifel
erhaben war. Dies erwies sich als unglaublich schwierig,
da er wusste, dass er alles Wissen durch seine Sinne
erlangte – und dass seine Sinne getäuscht werden konnten.

Er stellte Fragen wie die folgende: Was, wenn das Leben ein Traum ist? Und: Was, wenn ein Teufel unsere
Wahrnehmung dessen, was wir erleben, und alles, was
wir wissen, lediglich erschaffen hat? Durch einen Prozess strenger Überlegungen kam er zu dem Schluss,
dass alles, was er zu wissen glaubte, zweifelhaft war – bis
auf eine Sache: die Tatsache, dass er überhaupt nach-
dachte. Descartes entdeckte die eine fundamentale,
grundlegende Wahrheit – „Ich denke, also bin ich".
Das Einzige, was wir mit Sicherheit wissen, ist, dass wir
existieren; wir können an unserem Körper und allen anderen materiellen Dingen zweifeln, aber die Tatsache,
dass wir denken, bedeutet, dass unser Geist existiert.

Diese Idee führte dazu, dass Geist und Körper als
zwei verschiedene Arten von Substanz betrachtet wurden, eine Idee, die als Kartesianischer Dualismus bekannt ist. Wie Platon und Aristoteles 2.000 Jahre zuvor
glaubte er, dass der Geist oder die Seele vom Körper
getrennt sei. Er argumentierte, dass man zwar den Körper, nicht aber den Geist auseinandernehmen könne,

sodass sie, obwohl sie miteinander verbunden seien, unterschiedlich sein müssten.

Mithilfe von Descartes' Methoden konnten die Menschen ihren Weg zur Wahrheit ergründen. *Cogito, ergo sum,* das die Philosophie in die Moderne katapultierte, ist das berühmteste philosophische Zitat aller Zeiten.

EMPIRISMUS

Wenn Rationalismus der Erwerb von Wissen durch logisches Denken ist, für das man nichts anderes braucht als den Verstand und den Intellekt, so ist der Empirismus das Gegenteil. Es handelt sich um Wissen, das durch sensorische Erfahrungen, durch Experimente und durch das Erleben der Welt gewonnen wird – es ist Wissen *a posteriori*. Empiriker lehnen traditionell die Vorstellung ab, dass alle Menschen mit angeborenen Ideen geboren werden. Stattdessen glauben sie, dass unser Verstand eine *tabula rasa* oder ein unbeschriebenes Blatt ist und dass unsere Erfahrungen unser Wissen prägen.

Der Empirismus geht zurück auf Aristoteles und seine Methode, die Welt durch Beobachtung zu verstehen. Aristoteles vertritt die Empiriker, während Platons Ideen über angeborenes Wissen und die Metaphysik rationalistisch sind. In Raffaels berühmtem Renaissance-Gemälde *Die Schule von Athen* (um 1510), einem Fresko im Vatikan, stehen Platon und Aristoteles im Mittelpunkt: Platon, der Rationalist, weist zum Himmel und seiner Welt der Formen, während Aristoteles zum Boden gestikuliert und seine empirischen Ideen fest in der Erfahrung verankert.

JOHN LOCKE
1632–1704

Die Vorstellung, dass der Mensch das Leben als unbeschriebenes Blatt (oder *tabula rasa*) beginnt und alles Wissen auf den im Laufe des Lebens gesammelten
sensorischen Erfahrungen beruht, wurde von dem englischen Philosophen John Locke in seinem 1690 veröffentlichten philosophischen Hauptwerk *Eine Abhandlung über den menschlichen Verstand* vertreten. Locke
zufolge besteht Wissen aus Ideen: Wir beginnen mit einer sensorischen Idee und denken dann darüber nach;
wir denken darüber nach, zweifeln, denken darüber
nach und entwickeln weitere Ideen. Die Ideen können
einfach oder komplex sein. Einfache Ideen sind einzelne Erfahrungen – das Rot eines Apfels. Komplexe
Ideen sind eine Kombination von einfachen Ideen –
die Kombination von rot, süß und fest ergibt die Idee
eines Apfels. Komplexe Ideen können sich auch durch
Nachdenken im Kopf entwickeln, sodass wir alles über
Äpfel wissen, wenn wir über ihr Aussehen, ihr Gefühl,
ihren Geschmack, ihren Standort usw. nachdenken.

Locke geht davon aus, dass unser Verständnis be-
grenzt ist, dass es das Ergebnis unserer Erfahrungen
und der Ideen ist, die wir in unserem denkenden Verstand entwickelt haben. Dies war eine Herausforderung

der Theorie der Rationalisten über angeborene Ideen (dass wir Wissen über etwas erlangen können, ohne es erfahren zu müssen). Locke sagte zum Beispiel, dass es keine empirischen Beweise für Platons Behauptung gebe, dass wir mit einem universellen, angeborenen Wissen geboren würden und nur auf dieses Wissen zugreifen müssten. Für Locke gab es keinerlei empirische Beweise dafür, dass Babys mit Wissen geboren werden, und die Vorstellung, dass angeborene Ideen jenseits der menschlichen Existenz existierten, sei lächerlich, da alle Ideen nur im menschlichen Geist möglich seien.

John Locke war auch für seine politische Philosophie bekannt. Er hatte großen Einfluss auf die Entwicklung des Liberalismus im 17. Jahrhundert, auf den wir später noch eingehen werden (siehe Seite 117).

Als einer der ersten britischen Empiriker hatte Locke mit seinen Erkenntnistheorien einen großen Einfluss auf George Berkeley und David Hume, die beide zutiefst skeptisch waren, ob es etwas außerhalb des Verstandes gibt.

DAVID HUME
1711–1776

David Hume war ein schottischer Philosoph im Zeitalter der Aufklärung. Er war Empiriker, ein an Atheismus grenzender Agnostiker und ein Skeptiker. Er übernahm den empirischen Ansatz von John Locke und versuchte eine wissenschaftliche Untersuchung der menschlichen Natur. Als einer der großen Philosophen der Neuzeit beeinflusste er Immanuel Kant und Arthur Schopenhauer, wurde von Voltaire geschätzt und war mit Jean-Jacques Rousseau befreundet (obwohl sie sich später heftig zerstritten).

In seinem 1739 veröffentlichten Hauptwerk *A Treatise of Human Nature* („Abhandlung über die menschliche Natur") versuchte Hume, eine „Wissenschaft vom Menschen" zu schaffen, indem er nach universellen Gesetzen der menschlichen Natur suchte. Er wollte herausfinden, warum Menschen glauben. Als leidenschaftlicher Empiriker vertrat er die Ansicht, dass alles Wissen und alle Ideen ein Produkt sinnlicher Erfahrungen sind, die vom Verstand wahrgenommen werden, und dass man nicht beweisen kann, dass etwas außerhalb des Verstandes existiert. Für Hume existieren menschliche Überzeugungen im Verstand entweder als Eindrücke (Empfindungen, Leidenschaften und Emotionen) oder als Ideen (Denken, Vorstellungen und Überlegungen zu den Eindrücken). Er unterschied zwischen zwei Kategorien menschlichen Wissens: Tatsachen (Ideen, die auf Erfahrung oder Beobachtung beruhen) und „Beziehungen der Ideen" (Denken über die Beziehungen und Assoziationen zwischen Ideen). Hume folgerte daraus, dass die Vorstellung von Gott unsinnig sei, weil sie nicht auf sensorischen Daten beruhe – man könne die Existenz Gottes nicht durch Erfahrung oder Argumentation beweisen, es sei nur ein Glaube, den manche Menschen haben. Daher sei der Versuch, andere davon zu überzeugen, dass Gott wirklich existiere, sinnlos. Im 18. Jahrhundert war dies sehr umstritten, als Menschen, auch Wissenschaftler, annahmen, Gott sei der göttliche Architekt aller Dinge, ein allwissendes Wesen.

Hume argumentierte auch, dass Gewohnheit eine große Rolle bei den Schlussfolgerungen spielt, die wir über Dinge in der Welt ziehen. Was er damit sagen will, ist, dass ein Großteil unseres Wissens auf früheren Beispielen oder Erfahrungen beruht, wie z. B. „die Sonne wird morgen aufgehen" – es gibt keinen soliden Beweis dafür, dass die Sonne morgen tatsächlich wieder aufgehen wird, abgesehen davon, dass wir den Sonnenaufgang morgen tatsächlich erleben werden (was wir nicht können, weil er in der Zukunft liegt). Wir gehen also davon aus, dass sie morgen aufgehen wird: Wir können es nicht rational beweisen, aber wir glauben, dass sie aufgehen wird. Für Hume basiert vieles von dem, was wir über die Welt wissen und glauben, nicht auf rationalem Denken, sondern auf dem, was wir für wahr halten: was in der Vergangenheit geschehen ist, zusammen mit dem gesunden Menschenverstand – die Sonne wird morgen mit ziemlicher Sicherheit aufgehen, weil sie es immer getan hat. Und das ist auch gut so, denn dieser Glaube funktioniert für uns, wir müssen ihn nicht rational über jeden Zweifel erhaben beweisen, wie es Descartes versucht hat – für Hume ist das reine Zeitverschwendung. Hume war also Skeptiker, aber ihm ging es auch um den gesunden Menschenverstand: Viele unserer Überzeugungen lassen sich nicht hundertprozentig beweisen, aber sie funktionieren für uns, und das ist völlig in Ordnung.

Politische Philosophie

Die politische Philosophie befasst sich mit Fragen des Staates und des Regierens. Sie thematisiert Fragen der Politik, der Freiheit, der Gerechtigkeit und der Gesetze, mit dem Individuum in einer Gesellschaft und seinen Rechten auf Leben, Freiheit, Eigentum, das Streben nach Glück und freie Meinungsäußerung. Als Teil der Ethik stellen politische Philosophen die Frage, wie die Gesellschaft aufgebaut sein sollte und welches Verhalten wir von den Einzelnen in dieser Gesellschaft erwarten sollten, um den größtmöglichen Nutzen für die meisten Menschen zu erzielen. Die politische Philosophie ist eine Welt der -Ismen: Liberalismus, Kapitalismus, Sozialismus, Marxismus, Libertarismus, Konservatismus, Anarchismus, Nationalismus, Faschismus, Totalitarismus, Feminismus, Egalitarismus ...

Ein wichtiger Wendepunkt in der westlichen politischen Philosophie war das Zeitalter der Aufklärung, das vom späten 17. bis ins 18. Jahrhundert reichte. Thomas Hobbes brachte mit seiner strengen Theorie vom natürlichen Status des Menschen den Ball der modernen (politischen) Philosophie ins Rollen. Und John Lockes liberale Ideen wurden in der amerikanischen Unabhängigkeitserklärung verewigt, die sich dann über die französischen Aufklärer Voltaire und Jean-Jacques Rousseau auf die Französische Revolution auswirkte.

THOMAS HOBBES
1588–1679

Thomas Hobbes war ein englischer Philosoph und eine der wichtigsten Persönlichkeiten der modernen politischen Philosophie. Er studierte in Oxford, lehnte jedoch die scholastischen Methoden ab und vertrat, beeinflusst vom wissenschaftlichen Denken Galileis und Francis Bacons, einen eher empiristischen Ansatz. Sein Hauptwerk *Leviathan* (veröffentlicht 1651) entstand während des Englischen Bürgerkriegs, in dem die Roundheads (Parlamentarier) gegen die Cavaliers (Royalisten) um die Vorherrschaft kämpften. Hobbes war ein Royalist, der glaubte, Monarchen seien die besten Herrscher. Damit machte er sich bei den Parlamentariern unbeliebt, die Karl I. ins Gefängnis geworfen und die Macht übernommen hatten. Deshalb floh Hobbes nach Paris und unterrichtete für kurze Zeit den Prinzen von Wales, den späteren König Karl II.

Im *Leviathan* legte er seine Theorie der Beziehungen zwischen dem Individuum und der Gesellschaft dar, die als „Gesellschaftsvertrag" bekannt wurde. Hobbes vertrat eine sehr mechanistische Auffassung vom Menschen, den er als Maschine betrachtete, die sich ständig in Bewegung befindet und von Kräften außerhalb ihrer selbst angetrieben wird. Seiner Ansicht nach befinden sich die Menschen in einem ständigen Zustand der Anziehung und Abstoßung, wobei sie sich selbst schützen und versuchen, Gutes anzuziehen und Schlechtes abzustoßen. Sie sind von Natur aus egoistisch und gierig und werden alles tun, um sich zu schützen, so viel materiellen Reichtum wie möglich zu erlangen und um Macht zu kämpfen.

In Hobbes' Vision könnte diese grundlegende Schwäche zu Krieg und Zerstörung führen, und wenn sie nicht behoben wird, würden die Individuen in einen „Naturzustand" und einen „Krieg alle gegen alle" verfallen, wie er es nannte. Um harte Konflikte und die Möglichkeit des Todes zu vermeiden, kann der Einzelne nach seiner Lehre sein natürliches Recht auf absolute Freiheit gegen den Schutz durch einen souveränen Herrscher aufgeben. Der souveräne Staat hätte dann als *der große Leviathan* absolute Macht. John Locke (siehe Seite 108) entwickelte Hobbes' Idee des Gesellschaftsvertrags weiter und schlug in seiner *Zweiten Abhandlung über die Regierung* (1689) vor, dass die Macht eines Herrschers an Bedingungen geknüpft sein sollte: Wenn der Herrscher den Erwartungen seiner Untertanen nicht gerecht wird, hat das Volk das Recht, einen anderen Herrscher zu ernennen. Er lehnte Hobbes' Idee eines absoluten Herrschers ab und glaubte, dass die wahre Souveränität in den Händen des Volkes liege. Er befürwortete eine konstitutionelle Monarchie mit Exekutivgewalt und einem periodisch gewählten Parlament, das die gesetzgebende Gewalt ausübt. Seine Ideen über die Rechte des Einzelnen, die natürliche Gleichheit der Menschen und die Bedeutung repräsentativer und vom Volk gebilligter Herrscher bilden die Grundlage des Liberalismus.

LIBERALISMUS

Der Liberalismus hat seinen Ursprung in der Renaissance (14. bis 17. Jahrhundert), als die Denker die Autorität der Kirche in Frage zu stellen begannen. Das Wort „liberal" stammt von dem lateinischen Wort *liber*, das „frei" oder „kein Sklave" bedeutet. Im 18. Jahrhundert und im Zeitalter der Aufklärung wurde der Liberalismus zu einer erkennbaren Bewegung, die den Unabhängigkeitskrieg (1775–1783) in Amerika und die Französische Revolution (1789–1799) maßgeblich beeinflusste. In England begann die liberale Bewegung 1689 mit der Veröffentlichung von John Lockes *Zwei Abhandlungen über die Regierung*, in denen er seine Theorie der „natürlichen Rechte" darlegte – dass jeder Mensch ein Recht auf Leben, Freiheit und Eigentum habe.

Im Liberalismus sollen die Rechte des Einzelnen durch eine Regierung geschützt werden, die befristet, demokratisch gewählt und repräsentativ für alle Individuen der Gesellschaft sein sollte. Eine Regierung sei nur dann gerechtfertigt, wenn sie die Freiheit des Einzelnen maximiere und den Einzelnen vor Eingriffen in seine Rechte schütze – eine Idee, die ihren Ursprung im „Gesellschaftsvertrag" von Hobbes hat (der später von Locke erweitert wurde). Im Mittelpunkt des Liberalismus stehen die Freiheit des Einzelnen, die Freiheit des Denkens, die Freiheit der Rede und die Freiheit, Eigentum zu besitzen. Religiöse Toleranz und Bürgerrechte, einschließlich der Rechte der Frauen und der Rassengleichheit, sind ebenfalls von zentraler Bedeutung für das liberale Denken.

VOLTAIRE
1694–1778

Voltaire, mit bürgerlichem Namen François-Marie
Arouet, wurde 1694 in Paris geboren. Er war Philosoph,
Dichter, Dramatiker, Romancier und Essayist. Seine
freimütigen Schriften und seine Kritik an der französischen Regierung führten zu einer elfmonatigen Gefangenschaft in der Bastille und 1726 der Verbannung
nach England. Während seiner Zeit in England las er
John Lockes Konzepte der bürgerlichen Freiheiten und
ließ sich auch von der empirischen Wissenschaft Isaac
Newtons mit seinen auf rationalen Prinzipien beruhen-
den Erklärungen der Natur inspirieren. Er machte sich
diese Ideen zu eigen und machte sich daran, die Kirche
und ihre irrationalen, abergläubischen Lehren in Frage
zu stellen, die dazu dienten, Macht und Kontrolle in
seinem eigenen Land zu erhalten. In seinen 1734 veröffentlichten *Philosophischen Briefen über die englische
Nation* feierte er die liberalen Ideen Lockes und verurteilte die französische Gesellschaft, die auf der absoluten Monarchie, der Aristokratie und der religiösen
Intoleranz beruhte, was einen großen Einfluss auf die
Revolutionäre hatte, denen es 11 Jahre nach Voltaires
Tod gelang, die französische Monarchie zu stürzen.

Als echter Aufklärer hinterfragte er stets die Welt und die Art und Weise, wie die Menschen in ihr leben, und ging sogar so weit zu erklären, dass Gewissheit absurd sei. Voltaire räumte ein, dass Zweifel ein unangenehmer Zustand sei, aber für ihn sei es eine logischere Haltung, wenn man bedenke, dass die meisten Theorien und Tatsachen irgendwann einmal überarbeitet wurden und jederzeit in Frage gestellt werden können: Tatsachen und Wahrheiten seien nur unfertige Werke. Voltaire erkannte, dass es einfacher war, den Aussagen von Autoritäten blind zu vertrauen, als sie in Frage zu stellen oder selbst zu denken, was jedoch unerlässlich sei.

Er war ein Verfechter der Freiheit, der religiösen Toleranz und des Kampfes gegen Ungerechtigkeit und ein Kritiker des französischen Kolonialismus. Er schrieb eine Geschichte des Mittelalters, die sich nicht nur auf die Scholastik in Europa konzentrierte, sondern auch die Einflüsse des arabischen Denkens und der Ideen aus China und Japan untersuchte. Er kämpfte für Meinungsfreiheit und Redefreiheit, und obwohl er nicht direkt Voltaire zitiert, ist das Voltaire'sche Prinzip „Ich missbillige, was du sagst, aber ich werde dein Recht, es zu sagen, bis zum Tod verteidigen" der Kern der liberalen Vorstellungen von Redefreiheit.

JEAN-JACQUES ROUSSEAU
1712–1778

Jean-Jacques Rousseau wurde 1712 in Genf geboren. Sein frühes Leben war eine Mischung aus tragischem Glück und zufälligen Begegnungen. Seine Mutter starb kurz nach der Geburt und seine Kindheit war unruhig, mit sehr begrenzter formaler Bildung. Er verbrachte einige Zeit auf der Straße und lernte dabei das Wohlwollen derjenigen kennen, denen es oft weniger gut ging als ihm selbst, und hatte daher immer Respekt vor den Benachteiligten. Sein Glück wendete sich in seinen Zwanzigern, als er bei einer Adeligen lebte, die eine große Bibliothek besaß. In diesen Jahren widmete er sich dem Studium der Philosophie, Mathematik und Musik. 1742 zog er nach Paris und kam in Kontakt mit Voltaire, dessen Intellekt er sehr bewunderte, auch wenn sie unterschiedliche Denkansätze hatten.

Rousseau, der als Vater der Romantik gilt, ließ sich eher von Gefühlen und „Sensibilität" inspirieren als von der Vernunft. Er hielt es nicht für nötig, die Existenz Gottes mit Hilfe der Vernunft zu beweisen, wie es die mittelalterlichen Philosophen taten, denn er war der Meinung, Gott offenbare sich jedem Menschen individuell. Gottes Gegenwart sei im Herzen, in der Güte der Seele und in der Ehrfurcht und dem Wunder der

natürlichen Welt spürbar. In seinem einflussreichsten Werk, dem *Gesellschaftsvertrag* (1762), legt Rousseau seine politische Philosophie dar. Er erforscht die Natur des Menschen und im Gegensatz zur Hobbes'schen Vorstellung vom menschlichen „Naturzustand", der von Grund auf bösartig ist, vertritt Rousseau die Auffassung, dass der Mensch von Natur aus friedlich und gut sei und über angeborenes Mitgefühl und Empathie verfüge. Erst durch den Prozess der Zivilisation werde der Mensch böse. Diese soziale Zivilisation entstehe durch die Bildung von Privateigentum, was zu Ungleichheit und Konflikten führte, und die natürlichen Freiheiten gingen verloren.

Der Mensch wird frei geboren; und überall liegt er in Ketten. Wer sich als Herr über andere fühlt, ist in Wahrheit ein größerer Sklave.

Die Gesellschaftsverträge, die die Menschen in den modernen Gesellschaften eingegangen sind, haben die Ungleichheit noch verstärkt. Deshalb schlägt Rousseau eine Alternative zu Hobbes' Vertrag vor. In Rousseaus Stadtstaat liegt die Souveränität bei den Menschen, die Gesetze auf der Grundlage des kollektiven „allgemeinen Willens" erlassen. Die Menschen geben ihre individuellen Freiheiten zugunsten einer kollektiven oder bürgerlichen Freiheit auf, die im Interesse aller wirkt und Ungleichheit abbaut. Rousseaus Theorie wurde von den französischen Revolutionären aufgegriffen, die seine Worte „Der Mensch wird frei geboren, und überall liegt er in Ketten" zu einem ihrer Slogans machten. Einige Kritiker hielten seine Ansichten für bedenklich, da sie die Freiheit der Gruppe über die Freiheit des Einzelnen stellten, aber seine politisch aufgeklärten Ideen boten eine gangbare und radikale Alternative zu den Ungerechtigkeiten einer Gesellschaft, die von einer wohlhabenden Minderheit beherrscht wurde. Rund hundert Jahre später beeinflusste Rousseaus Kritik an der kapitalistischen Gesellschaft die revolutionären Ideen von Karl Marx, der das Proletariat (die Arbeiter) aufforderte, sich zu erheben und für Gleichheit und Freiheit zu kämpfen, da sie, wie Marx in seinem *Kommunistischen Manifest* an Rousseau anknüpfte, „nichts zu verlieren haben als ihre Ketten".

JOHN STUART MILL
1806–1873

John Stuart Mill wurde 1806 in London als Sohn des Philosophen und Historikers James Mill geboren, der große Hoffnungen in seinen Sohn setzte. Auf Anraten des utilitaristischen Philosophen Jeremy Bentham machte sich James Mill daran, seinen Sohn rigoros zu erziehen, um ihn auf ein Leben im Dienste der utilitaristischen Sache vorzubereiten. Der Utilitarismus ist eine Strömung in der Ethik, die annimmt, jede Handlung sei richtig, solange sie das Glück maximiert – „das größte Gut für die größte Zahl" ist ihre Maxime.

Nachdem John Stuart Mill im Alter von 20 Jahren aufgrund seiner stressigen und anstrengenden Kindheit einen Nervenzusammenbruch erlitten hatte, fand er Trost bei den Dichtern der Romantik, aber auch beim Positivismus von Auguste Comte. Der Positivismus besagt, dass das einzige authentische Wissen wissenschaftliches Wissen ist, und er beeinflusste Mills *A System of Logic* (1843), in dem er die wissenschaftliche Methode nicht nur auf natürliche, sondern auch auf soziale Phänomene anwenden wollte. In seinen populären *Principles of Political Economy* (1848) sprach sich Mill für die freie Marktwirtschaft aus, in der Angebot und Nachfrage den Preis von Waren diktieren und es, wenn überhaupt, nur wenige staatliche Eingriffe gibt, obwohl Mill eigentlich ein Befürworter von Arbeitergenossenschaften war, die den Arbeitern eine Beteiligung an den Unternehmen geben, anstatt die gesamte Macht und die Gewinne bei den kapitalistischen Eigentümern zu sehen.

Sein berühmtestes und einflussreichstes Werk ist *Die Freiheit*, das 1859 veröffentlicht wurde. Darin setzt er sich mit Ideen zur Freiheit des Einzelnen in der Gesellschaft auseinander. In seinem „Schadensprinzip" vertritt er die Auffassung, dass die einzige legitime Anwendung von Zwang in einer Gesellschaft die Selbstverteidigung oder der Schutz anderer vor Schaden sein sollte. Ansonsten sollten die Menschen frei sein, mit sich selbst zu tun, was sie wollen, solange es nicht die Freiheit anderer beeinträchtigt oder ihnen schadet. Mill verteidigte leidenschaftlich die Redefreiheit, da er sie als unerlässlich für die soziale und intellektuelle Entwicklung und den Fortschritt ansah.

Seine liberalen Ansichten beeinflussten Sozialismus, Libertarismus und Feminismus. In seinem Essay *Die Hörigkeit der Frau* aus dem Jahr 1869, das er inspiriert und mit Ideen seiner Frau Harriett Taylor Mill geschrieben hat, plädierte er für die Emanzipation der Frau, für eine Änderung der Ehegesetze, für Bildung und für Chancengleichheit zwischen den Geschlechtern, was nicht nur dem Einzelnen, sondern der Gesellschaft als Ganzes zugute käme – ganz im Sinne des Utilitarismus. Er war ein energischer politischer und sozialer Reformer und ein Verfechter der Arbeiterrechte; er setzte sich für die Abschaffung der Sklaverei ein, und als er liberaler Abgeordneter wurde, war er der erste, der das allgemeine Wahlrecht forderte. Er setzte sich für die Verbesserung der britischen Gesellschaft ein, wo immer dies möglich war, und war einer der größten modernen Philosophen Großbritanniens.

IDEALISMUS

Der Idealismus besagt, dass die Realität oder die Existenz nur im Kopf stattfindet. Für Idealisten sind es Ideen oder Gedanken, die die Realität schaffen – deshalb gehen metaphysische Erklärungen von diesem Punkt aus. René Descartes war einer der ersten Philosophen, der seine Theorien auf diesem idealistischen Standpunkt aufbaute, als er argumentierte, dass die grundlegende Natur der Realität in unserem Bewusstsein liege, die Realität der äußeren Welt der Objekte bezweifelt werden könne und lediglich vom Geist wahrgenommen werde. Der Idealismus ist also das Gegenteil des Materialismus, der besagt, dass die Materie die grundlegende Substanz ist und alles, auch das Bewusstsein und der Geist, aus materiellen Wechselwirkungen entsteht.

Philosophen teilen den Idealismus grob in zwei Lager: *Subjektiven* und *objektiven* Idealismus. Subjektive Idealisten berücksichtigen das, was wir im Hier und Jetzt erleben und spüren, glauben aber letztlich, dass die Realität nur vom Geist wahrgenommen wird. George Berkeley, der irische Philosoph des 18. Jahrhunderts, nannte dies Immaterialismus und sagte, die materielle Welt existiere nicht – zusammengefasst mit dem lateinischen Satz *„esse est percepi"* („Sein ist Wahrnehmen").

Der objektive Idealismus geht einen Schritt weiter als der subjektive Idealismus (der besagt, dass die Realität im individuellen Geist existiert) und behauptet, dass ein objektives Bewusstsein jenseits und unabhängig von der menschlichen geistigen Aktivität existiere.

Immanuel Kant grübelte jahrelang über die Realität der Existenz nach und entwickelte schließlich seinen eigenen Idealismus – den Transzendentalen Idealismus.

IMMANUEL KANT
1724–1804

Immanuel Kant gilt als einer der bedeutendsten Philosophen des modernen abendländischen Denkens. Er legte den Grundstein für den Deutschen Idealismus des 19. Jahrhunderts. Seine Werke umfassen Erkenntnistheorie, Metaphysik und Ethik, wobei sein bahnbrechendstes Werk die Philosophie des Geistes behandelt. An der *Kritik der reinen Vernunft* (1781) arbeitete er zehn Jahre lang. Durch sorgfältige und kritische Überlegungen versuchte Kant, die beiden Lager der Erkenntnistheorie – Rationalismus (siehe Seite 101) und Empirismus (siehe Seite 106) – zusammenzubringen.

Er unterscheidet zwischen analytischen Sätzen und synthetischen Sätzen. Analytische Sätze sind aufgrund ihrer wörtlichen Bedeutung wahr, zum Beispiel „alle Frauen sind weiblich". Dies ist eine Wahrheit der Vernunft, wir brauchen keinen Beweis dafür, dass alle Frauen weiblich sind, weil wir wissen, dass die Definition von Frauen lautet, dass sie weiblich sind. Synthetische Sätze bringen ein weiteres Element ein, das auf Erfahrung beruht oder Beobachtung erfordert, zum Beispiel „alle Frauen sind sanft". Der sanfte Teil definiert nicht alle Frauen, aber möglicherweise einige

Frauen, und man müsste diese Aussage untersuchen, um sie für wahr zu erklären.

Neben der Unterscheidung zwischen diesen beiden Arten von Wahrheiten geht er auch der Frage nach, wie Wahrheiten erkannt werden, ob *a priori* (Wissen, das sich aus dem Denken ergibt, ohne dass Erfahrung erforderlich ist – zum Beispiel analytische Sätze) oder *a posteriori* (Wissen, das sich aus der Erfahrung ergibt, siehe Seite 41.) Er vertrat die Ansicht, dass unser Wissen von der Welt eine Kombination aus beidem sein kann: Der Verstand erfährt die Objekte und ist in der Lage, sie durch Schlussfolgerungen zu begreifen.

Kant behauptet, dass wir alle die Welt durch einen Filter sehen, nämlich durch den Verstand. Es ist der Verstand, der die Erfahrungen macht, die Sinnesinformationen verarbeitet und Objekte in Raum und Zeit erschafft – dies ist Teil unserer intuitiven Erfahrung und Wahrnehmung der Welt. Der menschliche Geist erschafft die Welt und nicht die Welt wird auf den menschlichen Geist eingebrannt. Dies ist die Welt der *Phänomene* – es ist die Welt, die wir wahrnehmen. Kant argumentiert, dass es für uns unmöglich ist, zu wissen, wie Objekte jenseits ihrer Erscheinung oder „an und für sich" beschaffen sind. Er argumentiert, dass alles im Universum auf einer viel tieferen Ebene existiere, die Kant die *noumenale* Welt nennt, aber wir haben

einfach nicht die sensorischen oder intellektuellen Fähigkeiten, sie zu verstehen. Hier kommt der „transzendentale" Teil ins Spiel: Um ein Objekt objektiv zu erkennen, müssten wir die Grenzen unseres Verstandes und unserer Wahrnehmungen überschreiten.

Seine Theorie, den sogenannten „Kategorischen Imperativ", erläuterte er 1785 in seinem Werk *Grundlegung zur Metaphysik der Sitten*, in dem er vorschlägt, dass wir uns immer so verhalten sollten, wie wir uns ein allgemeines Gesetz wünschen würden. Kurz gesagt: Du bist für deine eigenen Handlungen verantwortlich, und was immer du tust, erwarte, dass andere es auch tun – ähnlich wie bei der *Goldenen Regel*, die wir auf Seite 61 besprochen haben.

MARY WOLLSTONECRAFT
1759–1797

Endlich eine Frau! Eine weibliche Philosophin! Abgesehen von Hipparchia von Maronea (die mit dem Kyniker Krates von Theben verheiratet war, mit dem sie eine auf völliger Gleichberechtigung beruhende Ehe führte), die bereits im Abschnitt über den Kynismus in der antiken Philosophie erwähnt wurde und die eine der ersten weiblichen Philosophen war, wurde das Gebiet der westlichen Philosophie weitgehend von Männern geprägt.

Mary Wollstonecraft, geboren 1759, war Schriftstellerin und Philosophin und gilt als eine der ersten feministischen Philosophinnen, die die Frauenbewegung des späten 19. Jahrhunderts inspirierte. Sie führte ein aufregendes und unkonventionelles Leben, insbesondere für eine Frau im 18. Jahrhundert. Sie eröffnete eine Schule in Newington Green, wurde in die Französische Revolution involviert (sie schrieb historische Abhandlungen darüber, in denen sie den Republikanismus befürwortete und Monarchie und Erbprivilegien ablehnte) und hatte eine Beziehung mit einem amerikanischen Abenteurer, mit dem sie ein uneheliches Kind hatte. Später heiratete sie den anarchistischen Philosophen William

Godwin, mit dem sie eine zweite Tochter, Mary Wollstonecraft Godwin, bekam. Tragischerweise starb Mary elf Tage nach der Geburt ihrer Tochter, im Alter von 38 Jahren. Sie lebte ein kurzes, aber bemerkenswertes Leben (Marys zweite Tochter, Mary Wollstonecraft Godwin, heiratete später den romantischen Dichter Percy Bysshe Shelley und wurde Mary Shelley, die Autorin von *Frankenstein*).

Ihr bekanntestes Werk ist *Die Verteidigung der Frauenrechte*, das 1792 veröffentlicht wurde. Darin stellte sie die Frauen als wichtige Erzieherinnen für das Land dar und forderte die Gleichberechtigung der Frauen, einschließlich des Rechts auf Bildung – genau wie ihre männlichen Gegenstücke. Sie wandte sich vehement gegen Jean-Jacques Rousseaus Behauptung in seinem Buch *Emile*, dass Frauen, wenn überhaupt, nur zum Vergnügen der Männer erzogen werden sollten. Wollstonecraft vertrat die Ansicht, dass die Männer, die den Frauen die Bildung verweigerten, die Frauen zu „Spielzeugen" gemacht hätten. Sie lehnte es ab, Frauen als Objekte zu betrachten, die man bewundern oder mit denen man „Ehe-Handel" treiben kann, und vertrat die Ansicht, dass Mädchen, wenn man ihnen eine Ausbildung gibt und ihren Verstand fördert, zu „Gefährtinnen" für ihre Ehemänner werden und nicht nur zu Ehefrauen. Sie forderte die Frauen auf, rational zu denken und nicht Sklaven der Empfindsamkeit zu sein. Wenn Vernunft und Gefühl zusammenarbeiten und sich gegenseitig informieren, können Frauen von höchstem Wert sein und zur „Verfeinerung der Zivilisation" beitragen. Mary Wollstonecraft brachte den Ball für feministische Philosophen ins Rollen. Mit ihrer radikalen, unabhängigen Einstellung zum Leben und Lernen sowie ihren literarischen Leistungen war sie eine echte Wegbereiterin und bleibt bis heute ein feministisches Vorbild für Frauen.

KARL MARX
1818–1883

Karl Marx war ein deutscher Philosoph sowie Politik- und Wirtschaftstheoretiker, dessen Philosophie von Immanuel Kant, Georg Hegel und französischen Gesellschaftstheoretikern wie Jean-Jacques Rousseau beeinflusst wurde. Er verbrachte einige Zeit in Paris, wo er eine lebenslange Freundschaft und intellektuelle Partnerschaft mit Friedrich Engels einging, sich über die Notlage der Arbeiter im England des 19. Jahrhunderts informierte und Kommunist wurde. 1849 zog er nach Jahren des Umherziehens durch Europa – aus dem einen oder anderen Land war er wegen seiner radikalen politischen Ansichten vertrieben worden – nach London, wo er bis zu seinem Lebensende blieb. Sein Leben war geprägt von Krankheit und Armut, und nur drei seiner sieben Kinder überlebten. Dennoch wurde er zu einem der einflussreichsten Philosophen und politischen Theoretiker, die die Welt je kannte.

Seine Theorie der Geschichte, den „historischen Materialismus", legte er in *Die deutsche Ideologie* (geschrieben um 1845, aber erst 1932 veröffentlicht) dar. Darin entwickelte er eine Geschichtsauffassung, die auf dem „dialektischen Materialismus" basiert, einem Konzept,

das von Hegels Dialektik beeinflusst ist (die besagt, dass sich alles in einem ständigen Zustand der Veränderung befindet, in dem Gegensätze aufeinander einwirken und reagieren). Eine Idee oder These reagiert auf ihre Antithese, und die daraus resultierende Spannung führt zu einer Auflösung oder einer neuen Idee in Form einer Synthese, und dieser Prozess führt zu einer ständigen Veränderung und Entwicklung der Ideen. Hegel wandte dieses Konzept auf die geistige Welt der Ideen und der spirituellen Entwicklung an – Marx wandte Hegels Dialektik jedoch auf die materielle Welt und die Welt der Produktion und Wirtschaft an. Er analysierte, wie sich die Gesellschaften in Bezug auf die materielle Welt organisiert haben, und untersuchte, wie die Menschen Dinge schaffen und produzieren, um zu leben. Er fand heraus, dass es der Kampf oder die Spannung zwischen den verschiedenen Gruppen – Sklaven gegen Eigentümer, Arbeiter gegen Kapitalisten – war, der zu Veränderungen in der Produktionsweise führte (wie Dinge produziert werden, mit welchen Ressourcen, wer sie produziert und die Beziehungen zwischen den Menschen, die Land/Fabriken/Industrien besitzen und beherrschen, und den Arbeitern) und somit zu gesellschaftlichen und historischen Veränderungen.

Im Jahr 1848 veröffentlichten Marx und Engels das *Kommunistische Manifest*, in dem sie den Kommunis-

mus definierten und dabei den dialektischen Materialismus und den Klassenkampf als Grundlage ihrer Ideologie verwendeten.

Nachdem er sich 1849 in London niedergelassen hatte, setzte Marx diese Arbeit fort und verbrachte seine Tage schreibend im Lesesaal des British Museum, um sein berühmtestes Werk *Das Kapital* (1867) zu verfassen. *Das Kapital* ist eine politische und wirtschaftliche Analyse der Entwicklung des Kapitalismus, in der die im Manifest dargelegten Themen vertieft werden. Mit Konzentration auf die Wirtschaft, erläuterte er detailliert, wie der Kapitalismus die Mehrheit der Menschen zum Nutzen einiger weniger ausbeutet, wie er letztlich instabil ist, weil er nicht endlos Profite liefern kann, und wie der Kapitalismus unweigerlich fallen würde, wenn die Massen sich ihrer Entfremdung und Ausbeutung bewusst würden und eine Revolution in Gang setzten, die die Gesellschaft zu einem gerechteren, egalitären Wirtschaftssystem umgestaltete – dem Kommunismus.

Marx starb 1883 in London, nur 15 Monate nach seiner Frau, die er sehr geliebt hatte. Er wurde im Familiengrab auf dem Highgate Friedhof beigesetzt, auf seinem Grabstein stehen seine Worte „Die Philosophen haben die Welt nur auf verschiedene Weise interpretiert – es kommt aber darauf an, sie zu verändern" sowie die letzte Zeile des *Kommunistischen Manifests*,

„Arbeiter aller Länder vereinigt euch". Marx glaubte, dass seine Philosophie die Welt aktiv verändern sollte – und Recht hatte er!

MARXISMUS

Der Marxismus ist die philosophische, politische und soziale Doktrin, die auf den Ideen von Karl Marx und Friedrich Engels beruht. Er untermauert den Kommunismus und geht von den Ideen des dialektischen Materialismus' von Marx aus, der annimmt, dass es vor allem die Spannungen zwischen Klassen mit gegensätzlichen Interessen sind, die den historischen Wandel vorantreiben. Historisch gesehen haben sich die Menschen kooperativ organisiert, um die zum Leben notwendigen Dinge zu produzieren. Erst wenn ein Überschuss entsteht, Gewinne erzielt werden und Privateigentum ins Spiel kommt, entstehen Ungleichheit und Zwietracht. Es kommt zur Arbeitsteilung und der Einzelne verliert die Kontrolle über seine Lebenssituation.

Marx war der Ansicht, dass der Mensch seine Menschlichkeit durch seine Arbeit erlangt und dass die Industrialisierung und die kapitalistischen Gesellschaften des 19. Jahrhunderts die Menschen ausbeuten und entfremden. Das Proletariat bzw. die Arbeiter hätten keine Kontrolle mehr über ihre Arbeit und entfremdeten sich zunehmend von den Produktionsmitteln (den Fabriken, Maschinen und Materialien sowie der Organisation der Arbeitskräfte), die im Besitz der *Bourgeoisie* seien. Marx sagte voraus, dass die Arbeiter die erschöpfenden und ausbeuterischen Bedingungen, unter denen sie zu arbeiten gezwungen waren, so satt haben würden, dass sie sich erheben und die Kontrolle über die Produktionsmittel übernehmen würden, um das Eigentum von der Bourgeoisie auf das Proletariat zu übertragen. Dieses kollektive Eigentum an der Produktion würde die Menschen wieder mit ihrer Menschlichkeit verbinden, da das Proletariat die Kontrolle über seine eigene Arbeit zurückgewinnen würde.

Diese neue „kommunistische" Gesellschaft sollte klassenlos sein und auf Zusammenarbeit und Gleichheit beruhen.

Es waren diese kommunistischen Ideale, die die russische Revolution von 1917 und die Gründung der Sowjetunion inspirierten, ebenso wie die kommunistische Revolution von 1949 in China, die die Volksrepublik China einleitete. Wie die Geschichte jedoch an diesen beiden Beispielen zeigt, hat sich der Kommunismus trotz seiner bewundernswerten und erhabenen Ideale im großen Stil als weit davon entfernt erwiesen, dem unterdrückten Proletariat die Fesseln abzunehmen. Marx würde sich wahrscheinlich in seinem Grab in Highgate umdrehen, wüsste er von den Gräueltaten, die im Namen des Kommunismus' begangen wurden. Viele argumentieren jedoch, dass der Kommunismus nie so umgesetzt wurde, wie Marx es sich vorstellte, und dass seine Theorien als ein starkes Gegenmittel zum Kapitalismus auch heute noch relevant seien.

FRIEDRICH NIETZSCHE
1844–1900

Ein Großteil von Friedrich Nietzsches philosophischem Werk, das sich mit Fragen der Moral, Religion und Ethik befasst, ist umstritten und offen für Interpretationen, aber seine Ideen versuchten, viele der etablierten westlichen philosophischen Ansichten zu durchbrechen. Nietzsche stellt seine radikale und kühne Philosophie in seinem 1889 erschienenen Buch *Götzen-Dämmerung oder: Wie man mit dem Hammer philosophiert* vor. Darin schlägt er mit einem metaphorischen Hammer auf die Philosophie ein und fordert eine „Umwertung" oder Neubewertung der gesellschaftlichen Werte – eine Idee, die von den Theoretikern der Postmoderne übernommen wurde. Viele der in seinen Schriften behandelten Themen waren Vorläufer des Existentialismus.

Nietzsche wurde in der Nähe von Leipzig geboren, und sein Leben war von körperlichen und geistigen Krankheiten geprägt – schon als Kind war er kränklich. 1849, als er gerade fünf Jahre alt war, starb sein Vater (lutherischer Pfarrer), und im Jahr darauf starb auch sein jüngerer Bruder. Diese frühe Familientragödie veranlasste ihn zu der Frage, ob es einen Gott gibt und wie ein Gott in einer Welt existieren könne, in der solches Leid existiere. Trotz dieses tragischen Beginns befürwortete er später das Leiden als eine Kraft, die zum Erfolg führe, indem er erklärte: „Was uns nicht umbringt, macht uns stärker". Nietzsche plädierte dafür, „Ja zum Leben zu sagen, selbst in seinen seltsamsten und schmerzhaftesten Episoden" (*Götzen-Dämmerung*). Nietzsche wurde von der düsteren, pessimistischen Philosophie **Arthur Schopenhauers** (1788–1860) beeinflusst und von Schopenhauers Überzeugung, dass die Welt grausam und voller Leiden sei. Schopenhauer sagte, das Einzige, was unser Leiden lindern könne, sei die Kunst, und die Musik sei ihre höchste Form. Nietzsche, der sich sehr für Musik interessierte und ein Freund Richard Wagners war, stimmte ihm zu.

Nietzsche entwickelte seine eigene individualistische Philosophie, die die anerkannte christliche und utilitaristische Moral in Frage stellte. Er erklärte „Gott ist tot" und fragte: „Wie sollen wir uns [jetzt] trösten?" Nietzsche befürchtete, dass Europa ohne den Glauben an die Gewissheiten Gottes in den Nihilismus abgleiten würde – den Glauben, dass nichts im Leben wichtig sei – und machte sich daran, dies zu überwinden. In *Also sprach Zarathustra* (veröffentlicht in vier Teilen zwischen 1883 und 1891) und *Jenseits von Gut und Böse* (1886) argumentierte er, dass der menschliche Grundtrieb ein

„Wille zur Macht" sei und dass die „lebensverneinende Sklavenmoral" des Christentums und der liberalen Demokratie die Schwachen und Unterdrückten begünstige: Sie erlaube es den Schwachen, die Starken zu beherrschen. Er forderte eine neue „lebensbejahende" Moral, die akzeptiere, dass es nur diese eine Welt gibt, und die das Leben im Hier und Jetzt annimmt, anstatt in der Hoffnung zu leiden, Zugang zu einer perfekteren zukünftigen Welt oder dem „Himmel" zu erlangen, wie die christliche Moral die Menschen glauben machen wolle. Nietzsches lebensbejahende Philosophie setzte sich für die menschlichen Instinkte nach Macht, Reichtum, Stärke und Gesundheit ein. Dies kommt in seiner Vorstellung vom „Übermenschen" zum Ausdruck, dem edlen Mann, der seine eigene Moral, seine Werte und Wahrheiten festlegt, anstatt sie sich diktieren zu lassen.

Am Ende seines Lebens erlitt Nietzsche einen verheerenden Nervenzusammenbruch, woraufhin seine Werke von seiner Schwester Elisabeth neu herausgegeben wurden, die sie zur Unterstützung der NS-Ideologie verwendete. Es wird angenommen, dass sie sein Werk absichtlich falsch interpretierte, denn er verurteilte regelmäßig den Antisemitismus und hasste den Nationalismus, da er ihn als eine Form der Entfremdung ansah. Seine Philosophie ist zutiefst individualistisch. Glücklicherweise ging er trotz Umdeutung als einer der einflussreichsten Philosophen in die Geschichte ein, dessen Ideen Schriftsteller und Künstler im gesamten 20. Jahrhundert inspiriert haben.

Philosophie des 20. Jahrhunderts und der Postmoderne

Die Aufklärung und die Moderne brachten Revolutionen im wissenschaftlichen Denken mit sich und lenkten die Aufmerksamkeit darauf, wie sich Gesellschaften weiterentwickeln und organisieren, wobei der Schwerpunkt auf Freiheit, Demokratie und Vernunft lag. Im 20. Jahrhundert beschleunigte sich das Tempo des Wandels noch mehr. Die zweite Hälfte des Jahrhunderts wird als Postmoderne bezeichnet. Ein Großteil des radikalen politischen Philosophierens der Moderne fand seinen Niederschlag in der kommunistischen Revolution in Russland und dem Nationalismus, der Europa erfasste und zu den beiden Weltkriegen führte, in denen die Welt verwüstet wurde und die Schrecken und Brutalität extremer Ideologien nur allzu deutlich zu spüren bekam. In der Auseinandersetzung mit dieser Realität konzentrierten sich die postmodernen Denker wieder auf die Ziele der Aufklärung: Freiheit, Demokratie und Vernunft.

Die Philosophie spaltete sich im 20. Jahrhundert in zwei verschiedene Lager, wobei die anglo-amerikanische analytische Schule zunächst dominierte, bis die europäische (meist französische) Schule aufkam und das Establishment destabilisierte.

Die analytische Schule zeichnete sich dadurch aus, dass sie die Philosophie wissenschaftlich machen wollte. Ihr Ziel war es, philosophische Fragen mit Hilfe der mathematischen Logik und sprachlicher Untersuchungen zu beantworten. Die analytische Philosophie entstand auf den Fluren und in den Hörsälen der angesehenen Universitäten von Cambridge und Oxford, wo Philosophen wie Bertrand Russell, Alfred North Whitehead, G. E. Moore und Ludwig Wittgenstein Pionierarbeit leisteten. Sie standen unter dem Einfluss des Wiener Kreises, einer Gruppe europäischer Philosophen und Wissenschaftler aus den 1920er- und 1930er-Jahren, die den logischen Positivismus bzw. den logischen Empirismus vertraten.

Diese Denker interessierten sich für philosophische Fragen, die logisch ausgearbeitet und empirisch überprüft werden konnten: Nur die Erfahrung konnte Aussagen beweisen oder widerlegen. An der Betrachtung von Ästhetik, Ethik, Metaphysik oder Theologie waren sie nicht wirklich interessiert; da keine der in diesen Bereichen der Philosophie gestellten Fragen empirisch als wahr oder falsch bewiesen werden konnte, erschien es sinnlos, die Frage überhaupt zu stellen. Worauf sie sich jedoch konzentrierten, war die Sprachphilosophie (siehe Seite 164): Sie machten sich daran, die Sprache auf mathematisch-logische Weise zu analysieren, um zu einem besseren Verständnis unseres Denkens und der Welt zu gelangen.

Im Gegensatz zur analytischen Schule der Philosophie standen die kontinental-europäischen Philosophen, deren Einflüsse und Philosophien – Deutscher Idealismus, Hegelianismus, Romantik, Existenzialismus, Phänomenologie, Absurdismus, Dekonstruktivismus und Poststrukturalismus – die vorherrschenden, institutionalisierten Denk- und Handlungsweisen in Frage und auf den Kopf stellen wollten. Diese Philosophieschulen werden unter dem Begriff Kontinentalphilosophie zusammengefasst und erlebten ihre Blütezeit in Europa während des gesamten 20. Jahrhunderts, wobei sie in den 1950er- und 1960er-Jahren ihren Höhepunkt erreichten. Diese postmodernen kontinental-europäischen Philosophen waren von der marxistischen Ideologie beeinflusst, deren Ziel es war, dem Individuum die Handlungsfähigkeit zurückzugeben und die Gesellschaft zu emanzipieren. Sie lehnten die Auffassung ab, dass die Naturwissenschaften der beste Weg seien, um Phänomene zu verstehen, und griffen in ihrer Arbeit auf historische, psychologische und soziologische Studienbereiche zurück.

Die Ideen von **Sigmund Freud** (1856–1939) und die von ihm entwickelte Psychoanalyse, mit der er versuchte, das individuelle menschliche Leiden zu lindern, hatten einen großen Einfluss auf die kontinentalen Philosophen. Seine Behauptung, dass menschliches Verhalten nicht nur vom Bewusstsein gesteuert werde, sondern dass auch unbewusste Kräfte am Werk seien, half den Philosophen, menschliches Verhalten in Bereichen der Philosophie wie Ethik, politischer Philosophie und Metaphysik auf neue Weise zu verstehen.

Durch seine Psychoanalyse und Traumanalyse und seine Konzentration darauf, das Unbewusste ins Bewusstsein zu holen, stellte Freud fest, dass seine Patienten die Ursachen ihrer seelischen Leiden besser verstanden und dadurch eine gewisse Erleichterung erfuhren. Die Philosophen übernahmen diese Ideen und seine Überzeugung, dass Menschen nicht immer rational handeln, sondern von einem Unbewussten gesteuert werden, über das wir wenig wissen, und wandten sie auf ihre politischen und sozialen Untersuchungen an.

Obwohl die Analytiker den Wiener Kreis hatten, wurden die „Continentals" von der Frankfurter Schule beeinflusst, einer Gruppe von Philosophen, die die postmodernen Gesellschaften aus marxistischer Sicht kritisierten und Freuds Entdeckungen über Verdrängung, Persönlichkeitstypen und das Unbewusste nutzten, um zu verstehen, wie Individuen und Gesellschaften funktionieren. Die Frankfurter Philosophen **Max Horkheimer** und **Theodor Adorno** untersuchten insbesondere, wie normale, alltägliche Menschen sich extremen Ideologien wie dem Faschismus zuwenden konnten, wie sie es während des Zweiten Weltkriegs getan hatten.

Diese Philosophen argumentierten, dass Rationalität und Vernunft, wie sie von den Denkern der Aufklärung praktiziert wurden, nicht zu größeren Freiheiten geführt hatten. Vielmehr seien die Gesellschaften zu einem „Gruppendenken" manipuliert worden. Die rationale Suche nach und der Glaube an universelle Wahrheiten seien zur vorherrschenden Art des Denkens und der Ausübung der Philosophie geworden, die postmodernen Philosophen argumentierten aber, dass dies lediglich dazu diene, die Menschen dazu zu bringen, auf dieselbe Weise zu denken wie die anderen. Der Fortschritt habe letztlich zu Tod, Zerstörung und einem Zusammenbruch der Moral geführt – wie der Zweite Weltkrieg auf verheerende Weise gezeigt habe.

In der zweiten Hälfte des 20. Jahrhunderts stellten kontinental-europäische Philosophen wie Michel Foucault und Jacques Derrida die Existenz der von den analytischen Philosophen behaupteten objektiven Wahrheiten in Frage und waren auch gegenüber der herrschenden Ideologie äußerst skeptisch. Sie erklärten, dass alle Wahrheiten subjektiv seien, und behaupteten, Wissen und Wertesysteme seien historisch und kulturell konstruiert. Wahrheit, Moral, die menschliche Natur, ja alles, was wir wissen, sei ein Konstrukt, das im Kopf existiere und von der Gesellschaft und der Geschichte beeinflusst werde.

Diese postmodernen Philosophen analysierten Kultur und Gesellschaft, bewerteten das westliche Wertesystem kritisch und untersuchten die in den westlichen Gesellschaften vorherrschenden Metanarrative. „Metanarrative" sind die großen, universellen Konzepte oder Geschichten, die unsere Gesellschaften als wahr akzeptieren. In einer postmodernen, säkularen Gesellschaft lautet die große Erzählung, dass Wissenschaft, Vernunft und Logik alle Antworten haben.

In *Das postmoderne Wissen* (1979) definierte der kritische Theoretiker und Philosoph **Jean-François Lyotard** (1924–1998) „postmodern" als „Ungläubigkeit gegenüber den Metanarrativen", als Infragestellung der historischen Erklärungen und „Wahrheiten", die das Denken seit der Aufklärung dominiert haben. Er schlug vor, diese Metanarrative abzuschaffen und sie durch *petit recits* oder „kleine", lokalisierte Erzählungen zu ersetzen, die Unterschiede in der menschlichen Erfahrung und in den Ideen zulassen – zum Beispiel die alltäglichen Erfahrungen von Menschen in marginalisierten Gruppen zu betrachten, anstatt sich auf die Gesellschaft als Ganzes oder „das große Ganze" zu konzentrieren.

Postmoderne Philosophen waren Skeptiker mit einem revisionistischen Ansatz und lehnten oft traditionelle Methoden und Ansätze ab. Sie stellten seit langem akzeptierte Wahrheiten in Frage und wollten herausfinden, *wie* wir die Dinge wissen und *wer sagt*, dass dies die Art zu leben ist oder wie wir sein sollten. Dieses Denken fand seinen Ausdruck in den gegen das Establishment gerichteten, gegenkulturellen Bewegungen und Gruppen in der gesamten westlichen Welt während der 1960er- und 1970er-Jahre: die revolutionäre Bürgerrechtsbewegung in Amerika, die Hippie-Bewegung, die Anti-Kriegs-Bewegungen, die feministische Bewegung, Anti-Atomkraft-Gruppen und das Aufkommen des Umweltschutzes.

PHÄNOMENOLOGIE

Die Phänomenologie, die auf das griechische Wort *phainomenon* („Erscheinung") zurückgeht, ist die Untersuchung der Erscheinung und nicht der Wirklichkeit, genauer gesagt die Untersuchung der subjektiv gelebten Erfahrung. Sie ist im Wesentlichen die Vision von **Edmund Husserl** (1859–1938), der in den frühen 1900er-Jahren seine Theorie des Bewusstseins entwickelte. Wie Descartes ging er von der Prämisse aus, das Einzige, dessen wir uns sicher sein können, sei unser eigenes Bewusstsein. Er vertrat die Auffassung, dass die Wirklichkeit aus Objekten und Erfahrungen oder Phänomenen bestehe, die vom individuellen Bewusstsein wahrgenommen und interpretiert werden. Für Husserl bedeutet Bewusstsein erstens, dass wir uns der Erfahrung von Phänomenen bewusst sind, ganz gleich, ob es sich dabei um physische Objekte, Gedanken, Emotionen oder Elemente unserer Vorstellungskraft handelt; und zweitens ist das Bewusstsein intentional oder auf diese bestimmten Phänomene gerichtet. Husserl vertrat die Ansicht, dass wir, um Phänomene tiefer zu verstehen, unser Urteil, unsere Voreingenommenheit oder unsere vorgefassten Meinungen über diese Phänomene zurückstellen müssen – ein Prozess, der „Einklammerung" genannt wird.

Martin Heidegger (1889–1976), ein weiterer einflussreicher Philosoph und eine Zeit lang Husserls Assistent, widersprach Husserl und vertrat die Ansicht, dass das Bewusstsein niemals von seinem Kontext getrennt werden könne und dass wir das Leben nicht nur bewusst erleben, sondern dass ein Teil dessen, was wir erleben, unbewusst sei. Heideggers Ideen beeinflussten die Psychoanalyse und den Existenzialismus.

EXISTENZIALISMUS

Der Existenzialismus ist eine philosophische und kulturelle Bewegung, die in der Mitte des 20. Jahrhunderts an Bedeutung gewann, aber ihre Wurzeln im Denken des dänischen Philosophen **Søren Kierkegaard** (1813–1855) und Friedrich Nietzsches hat. Mit der Erkenntnis, „Gott ist tot" und dass die Moral im Grunde ein menschliches Konstrukt ist, sah Nietzsche die Notwendigkeit, dass der Einzelne vollständig auf sich selbst vertrauen und sein Leben nach seinen eigenen Werten und Überzeugungen gestalten sollte. In *Furcht und Zittern* (1843) erkannte Kierkegaard die völlige individuelle Willensfreiheit an, aber auch, dass dieses beängstigende Konzept tiefe „Ängste" auslösen kann.

Der Existentialismus verkörpert diese Ideen des freien Willens, der freien Entscheidung und der individuellen Verantwortung. Wenn man über den Sinn der Existenz nachdenkt, ohne an eine transzendente Kraft wie Gott zu glauben, scheint es überhaupt keinen Sinn im Leben zu geben – die menschliche Existenz ist einfach ein Nichts. Die existenzialistische Antwort besteht also darin, dieses Nichts anzunehmen und etwas aus sich zu machen: Man ist völlig frei, sein Leben so zu gestalten, wie man es möchte. Die Themen des Existentialismus – Langeweile, die Absurditäten des Lebens, Entfremdung, Freiheit, Nichts, Untergang und Finsternis – werden in den literarischen und philosophischen Werken der französischen Existentialisten Jean-Paul Sartre (siehe gegenüber), Simone de Beauvoir (siehe Seite 160) und Albert Camus (siehe Seite 162).

JEAN-PAUL SARTRE
1905–1980

Der französische Philosoph, Schriftsteller und politische Aktivist Jean-Paul Sartre wurde in Paris geboren und wuchs bei seiner Mutter auf, nachdem sein Vater starb, als er gerade 15 Monate alt war. Er studierte Philosophie an der renommierten École Normale Superieure, wo er Simone de Beauvoir kennenlernte, eine andere prominente französische Philosophin, die an der ebenfalls renommierten Sorbonne studierte; sie wurden lebenslange romantische und intellektuelle Partner. Sartre war lange Zeit seines Lebens Kommunist und verbrachte in den 1960er-Jahren einige Zeit mit Ernesto „Che" Guevara und Fidel Castro im kommunistischen Kuba, wo er sich aktiv gegen den Vietnamkrieg einsetzte. Während der Studentenunruhen 1968 im Pariser Quartier Latin, auch bekannt als Left Bank, wurde er wegen zivilen Ungehorsams verhaftet.

Sartre war ein Pionier der existenzialistischen Bewegung. Er schrieb einflussreiche akademische Werke, die den Existenzialismus definierten, und trug auch zur Phänomenologie bei.

Am bekanntesten ist er für seine Romane und Theaterstücke, in denen er die Ideen des Existentialismus anhand von Situationen aus dem wirklichen Leben

einem breiteren Publikum nahebringt. Sartres Philosophie stützt sich auf die Phänomenologie von Busserl und Heidegger und ist in *Transzendenz des Ego* (1936) und *Das Sein und das Nichts* (1943) dargelegt.

Im Mittelpunkt von Sartres Philosophie steht das Konzept des freien Willens und der daraus resultierenden Verantwortung: „Der Mensch, der dazu verurteilt ist, frei zu sein, trägt die Last der ganzen Welt auf seinen Schultern; er ist für die Welt und für sich selbst als Seinsweise verantwortlich" (*Das Sein und das Nichts*, 1943). Er betrachtet den Glauben an den Determinismus (die philosophische Idee, dass Ereignisse und Entscheidungen durch vorhergehende Ursachen bestimmt werden) als eine Form der Selbsttäuschung oder des „schlechten Glaubens", da er glaubt, dass kein Individuum an ein äußeres Wertesystem gebunden ist. Für Sartre geht „die Existenz der Essenz voraus"; es gibt keine vorher existierende Essenz im Leben eines Individuums, es existiert einfach, also bestimmen unsere Entscheidungen und Handlungen unsere Essenz, oder wer wir sind. Darin liegt die Qual: Wir sind völlig frei und haben die volle Kontrolle darüber, wer wir sind, und wenn jede Handlung bestimmt, wer wir sind, dann müssen wir sinnvolle und authentische Entscheidungen treffen – ein ganz schöner Druck also! Außerdem gibt es keine Garantien für die Ergebnisse unserer Entschei-

dungen, sodass wir akzeptieren müssen, dass unsere Entscheidungen vielleicht nicht so ausfallen, wie wir es erwartet haben, und uns an die Gefühle von Verzweiflung und Angst gewöhnen müssen, die unser Bewusstsein einer ungerechten, absurden Welt ohne Gewissheiten begleiten.

SIMONE DE BEAUVOIR
1908–1986

Simone de Beauvoir war eine französische Schriftstellerin, politische Aktivistin und existenzialistische feministische Philosophin, die zu den wichtigsten Persönlichkeiten der feministischen Bewegung gehörte und wesentlich zur Entwicklung des Existenzialismus beitrug. Sie studierte Philosophie an der Sorbonne und war die neunte Frau, die dort einen Doktortitel erlangte. Sie war die Lebensgefährtin ihres Philosophenkollegen Jean-Paul Sartre, beide beeinflussten das Werk des anderen.

Wie Sartre und Albert Camus brachte de Beauvoir ihre Philosophie in ihren Romanen, aber auch in ihren Essays und Sachbüchern zum Ausdruck. Ihr Hauptwerk war eine Auseinandersetzung mit dem existenzialistischen Feminismus – *Das andere Geschlecht* (1949). Sie ging von der existenzialistischen Prämisse aus, dass die Existenz der Essenz vorausgeht, gab ihr aber einen feministischen Anstrich: „Man wird nicht als Frau geboren, sondern wird zur Frau." Sie unterschied zwischen biologischem und sozialem Geschlecht und argumentierte, dass das Geschlecht der Frau ein soziales und historisches Konstrukt sei, das in Bezug auf den Mann definiert wurde. Aus historischer Perspektive argumentierte sie, dass Männer im Laufe der Geschichte Frauen zu „den anderen" gemacht haben.

Sie vertrat die Ansicht, dass Frauen die ihnen auferlegten Stereotypen und Zwänge abschütteln, den Mythos des „ewig Weiblichen" (den philosophischen Grundsatz, dass Frauen einen idealisierten, unveränderlichen Wesenskern haben, der sich von dem des Mannes unterscheidet) oder das, was es bedeutet, eine Frau zu sein, ablehnen und wie wahre Existentialisten ihren freien Willen, ihre individuelle Wahl und ihre vollständige Autorität, das zu werden, was und wer sie sind, behaupten sollten.

Simone de Beauvoirs philosophische Ideen, ihre feministischen Schriften und ihr politischer Aktivismus haben die zweite, dritte und vierte Welle der feministischen Bewegung überdauert und beeinflussen weiterhin die zeitgenössische Kultur. Ihre existenzielle Maxime, „Ändere dein Leben heute. Spiele nicht auf die Zukunft, handele jetzt, ohne zu zögern", ermutigt uns alle, mutig unseren eigenen authentischen Weg zu beschreiten.

ALBERT CAMUS
1913–1960

Obwohl er sich selbst nie als Philosoph bezeichnete, hatte der französische Schriftsteller, politische und soziale Aktivist Albert Camus einen enormen Einfluss auf die philosophischen Schulen des Existentialismus, Absurdismus und Anarchismus. Geboren im französischen Algerien wuchs er nach dem Tod seines Vaters während des Ersten Weltkriegs bei seiner Mutter in sehr einfachen und ärmlichen Verhältnissen auf. Trotz dieser schwierigen Lebensumstände studierte er Philosophie an der Universität von Algier und erhielt im Alter von 44 Jahren den Nobelpreis für Literatur, kam aber zwei Jahre später tragisch bei einem Autounfall ums Leben.

Obwohl er sich nie als Philosoph, geschweige denn als Existentialist bezeichnete, konzentrierte er sich in seinen Schriften auf das existenzialistische Gefühl der Sinnlosigkeit des Daseins und darauf, wie der Einzelne diese Sinnlosigkeit annehmen und nicht versuchen sollte, ihr zu entkommen, indem er sich an äußere Quellen wie die Religion wendet; das sei „böser Glaube" oder „philosophischer Selbstmord". Er war der Ansicht, dass die philosophische Frage „Was ist der Sinn des Lebens?" unbeantwortbar sei und dass wir ein-

fach mit dem Paradox leben müssten, dass wir immer nach einer Antwort auf diese Frage suchen, sie aber nie finden werden – ein Konzept, das als „das Absurde" bekannt ist. Er plädierte dafür, das Leben intensiv und in der Gegenwart zu leben und unser Bewusstsein für das Absurde und unsere Sterblichkeit zu schärfen, was zu einer größeren Wertschätzung des Lebens führe.

SPRACHPHILOSOPHIE

Die Sprachphilosophie ist bestrebt, philosophische Probleme zu lösen, indem sie mehr über die von uns verwendete Sprache zu erfahren versucht. **Gottlob Frege** (1848–1925), ein deutscher Mathematiker und Philosoph, widmete seine Aufmerksamkeit der Sprache und der Wichtigkeit von Bedeutung und Definition in seinem 1892 erschienenen Essay *Über Sinn und Bedeutung*. Er unterschied zwischen dem „Sinn" eines Wortes oder Objekts – also dem, was wir mit unseren Worten meinen, was subjektiv sein und von Mensch zu Mensch variieren kann – und der „Bedeutung", also dem, worauf sich ein Wort tatsächlich bezieht. Er kam zu dem Schluss, dass Wörter durch ihren Kontext in einem Satz definiert werden können. **Bertrand Russell** (1872–

1970) entwickelte Freges Ideen weiter. Seine Werke stellen die Sprache in den Mittelpunkt unserer philosophischen Betrachtung. Russell war ein Mathematiker und Logiker und einer der berühmtesten britischen Philosophen des 20. Jahrhunderts. In seinem 1905 veröffentlichten Essay *On Denoting* („Über das Bezeichnen") analysierte er die von uns verwendete Grammatik und Syntax und stellte sicher, dass unsere Sprache logisch klar ist, damit wir philosophische Wahrheiten und Falschheiten herausarbeiten können.

Russells Schüler und Freund **Ludwig Wittgenstein** (1889–1951) entwickelte Freges Ideen weiter und sagte, dass die objektive Definition von Wörtern eine schwierige Angelegenheit sei, weil immer jemand mit einem Gegenbeispiel aufwarten könne; ich könnte eine Vorstellung davon haben, was „Freundschaft" bedeutet, aber mein Freund könnte eine ganz andere haben. Er sagte, dass wir die Bedeutung von Wörtern definieren, indem wir sie öffentlich in unseren Gemeinschaften verwenden. Er räumte ein, dass sich Wörter und Bedeutungen im Laufe der Zeit und bei verschiedenen Menschen verändern, und er wies auch darauf hin, dass immer die Gefahr besteht, dass es zu Bedeutungsunterschieden zwischen dem, was der Sprecher beabsichtigt, und dem, was das Publikum darunter versteht, kommt. Wittgenstein sagt, dass Verwirrung entsteht, wenn Sprache außerhalb ihres ursprünglichen Kontextes verwendet wird. Die Menschen können „von der Sprache verzaubert" werden. Er wies darauf hin, dass philosophische Probleme die größten Verursacher dieses Wortspiels sind – Fragen wie „Was ist Wahrheit?" dienen lediglich der Verwirrung – und er ermutigte die Philosophen, „Wörter aus ihrem metaphysischen in ihren alltäglichen Gebrauch zurückzubringen", als Teil einer Idee, die als „Philosophie der gewöhnlichen Sprache" bekannt wurde.

STRUKTURALISMUS UND POST-STRUKTURALISMUS

Der Strukturalismus war eine intellektuelle Bewegung des 20. Jahrhunderts in Frankreich, die versuchte, die verborgenen Muster oder Strukturen aufzudecken und zu untersuchen, die kulturellen Phänomenen wie der Familie, politischen Systemen, Mode, Kunst oder Literatur zugrunde liegen. Die Idee war, einen bestimmten Aspekt der Kultur (z. B. mythologische Geschichten) in seine einzelnen Bestandteile und Unterbestandteile (die Ereignisse in der Geschichte) zu zerlegen und diese Teile zu analysieren, um so die „Strukturen" zu erkennen, die in allen Mythen in allen Kulturen zu finden sind.

Claude Lévi-Strauss (1908–2009) – nicht der Schöpfer der coolen Jeans, sondern der französische Anthropologe und Schlüsselfigur bei der Entwicklung des Strukturalismus – analysierte die Beziehungen zwischen den einzelnen Komponenten von Mythen. Er nannte sie „Mytheme" und fand unter anderem heraus: Alle Mythen handeln von der Spannung zwischen binären Gegensätzen – Gut gegen Böse, Egoismus gegen Altruismus, usw. Lévi-Strauss wurde von dem Schweizer Sprachtheoretiker **Ferdinand de Saussure** (1857–1913) beeinflusst, der eine Wissenschaft der Zeichen, die Semiotik, entwickelte und sagte, dass Sprache ein System oder eine Struktur sei, die aus binären Gegensätzen bestehe – wir verstehen, was weiß ist, weil wir es mit schwarz kontrastieren. Die Strukturalisten verfolgten diesen wissenschaftlichen Ansatz zur Untersuchung der Gesellschaft und zielten darauf ab, universelle Regeln aufzudecken.

Post-Strukturalisten der Mitte des 20. Jahrhunderts sahen den Strukturalismus als zu starr an und bezweifelten die Existenz universeller kultureller Regeln. Sie argumentierten stattdessen, dass Ideen, unsere Realitäten und unser Studium der zugrunde liegenden Strukturen durch Geschichte und Kultur beeinflusst wurden. Post-strukturalistische französische Philosophen wie **Michel Foucault** (siehe Seite 170) und **Jacques Derrida** (siehe Seite 172) vertraten die Auffassung, dass man jedes kulturelle Phänomen selbst sowie den Kontext, in dem es entstanden ist, untersuchen muss. Der Post-Strukturalismus geht davon aus, dass sich die Bedeutungen ständig verändern und dass alles mehrere Bedeutungen hat, die von der Absicht des Produzenten und der Interpretation des Beobachters abhängen.

MICHEL FOUCAULT
1926–1984

Michel Foucault war ein französischer Philosoph, Soziologe und radikaler politischer Aktivist. Als junger Erwachsener litt er unter schweren Depressionen und beschäftigte sich mit Selbstmord, den er mehrmals selbst versuchte. Dies veranlasste ihn zu einem Studium der Psychologie und Philosophie an der Pariser École Normale Superieure. Er wird zu den Post-Strukturalisten gezählt, betrachtet sein Werk jedoch als historische Kritik an der Modernität, als Verdeutlichung, wie alles Wissen mit Macht verbunden ist und wie diese Wechselwirkung zwischen Wissen und Macht den Menschen beeinflusst.

Indem er die in der Gesellschaft herrschenden Machtverhältnisse untersuchte, zeigte Foucault, wie Autorität zur Disziplinierung und Kontrolle der Menschen eingesetzt wird – wir beugen uns der Autorität des Arztes oder Psychiaters. Er analysierte die Machtverhältnisse in den Bereichen Recht und Strafe, Polizei, Sexualität, Psychiatrie und moderne Medizin und vertrat die Ansicht, dass die moderne Art der Behandlung von Geisteskranken, Kriminellen und Patienten sowie die Art und Weise, wie wir unsere Sexualität betrachten, nicht unbedingt eine Verbesserung gegenüber der Vergan-

genheit darstelle. Er ließ sich von Nietzsche inspirieren, insbesondere von der Überzeugung, dass das Studium der Geschichte dazu dienen sollte, uns darüber zu informieren, wie wir heute ein besseres Leben führen können.

Im Jahr 1961 veröffentlichte er sein Hauptwerk Wahnsinn und Gesellschaft, in dem er die Renaissance als „Goldenes Zeitalter" für Menschen mit psychischen Erkrankungen bezeichnet, da sie damals nicht eingesperrt und stigmatisiert wurden. Vielmehr wurden sie lediglich als andersartig angesehen mit einer eigene Art von Weisheit. Foucaults Wahnsinn und Gesellschaft brachte die Gesellschaft dazu, zu hinterfragen, was Wahnsinn ist und wie wir psychische Krankheiten behandeln. Er verfolgte den post-strukturalistischen Ansatz, nicht nur die vorherrschenden oder privilegierten Ideen zu betrachten, sondern auch die untergeordneten, übersehenen, und er stellte durch historische Vergleiche die Frage: Machen wir es jetzt wirklich besser?

JACQUES DERRIDA
1930–2004

Jacques Derrida war ein einflussreiches Mitglied der französischen Philosophieszene des 20. Jahrhunderts und der Begründer des Dekonstruktivismus. Geboren in Algerien (wie Albert Camus), studierte er in den 1950er-Jahren Philosophie an der renommierten École Normale Superieure, wo er Michel Foucault begegnete, und später in Harvard. Später unterrichtete er Philosophie an seiner Alma Mater sowie an der Sorbonne und lehrte an verschiedenen renommierten Universitäten in Amerika. Er war ein produktiver Autor (ab 1972 veröffentlichte er im Durchschnitt mehr als ein Werk pro Jahr), wurde aber oft wegen seines prätentiösen und obskuren Schreibstils kritisiert. Derrida stellte etablierte Ideen in Frage und hatte einen großen Einfluss auf die zeitgenössische Literaturtheorie und die europäische Philosophie.

Seine frühe Philosophie wurde von dem Phänomenologen Edmund Husserl sowie von Martin Heidegger, Friedrich Nietzsche und Sigmund Freud beeinflusst. Er kritisierte jedoch die Einfachheit der Phänomenologie und des Strukturalismus und wird als Architekt der Entwicklung des Post-Strukturalismus angesehen.

Sein Konzept des Dekonstruktivismus legte er in seinen Büchern *Grammatologie* und *Die Schrift und die Differenz* dar (beide 1967). Der Dekonstruktivismus ist eine Theorie der Literaturkritik und eine philosophische Herangehensweise, die das Denken und die Ideen dekonstruiert. Ausgehend von der strukturalistischen Theorie der binären Opposition (wir verstehen Dinge auf der Grundlage ihrer Beziehung zu einem Gegenstück, sodass wir wissen, was das Gute bedeutet, indem wir es mit dem Bösen vergleichen), argumentiert er, dass sich unser gesamtes Denken auf eine privilegierte Idee auf Kosten eines Gegenstücks konzentriert. Zum Beispiel: Die Vernunft wird höher geschätzt als die Leidenschaft, die Hochkultur höher als die Niederkultur und die Sprache höher als die Schrift. Dekonstruieren bedeutet, den Blick auf die Gegensätze zu richten, neugierig auf die untergeordneten Konzepte zu sein, um unser Verständnis des Ganzen zu verbessern.

Dieser Akt der Dekonstruktion deckt die Fehler in unserem Denken auf und kann Verwirrung stiften, indem er die Ungewissheit in unseren Ideen hervorhebt. Aber Derrida sagte, wir sollten diese Verwirrung als einen Zustand der aporia annehmen, ein altgriechisches Wort, das „Rätsel" oder „Sackgasse" bedeutet. Derrida war der Meinung, dass wir uns nicht unsicher oder ängstlich fühlen sollten, sondern uns in dem Wissen

wohlfühlen sollten, dass es oft keine perfekten Lösun-
gen für die philosophischen Fragen gibt, die wir über
das Leben haben.

Philosophie heute

Wo stehen wir also in der Philosophie? Sind wir den perfekten Antworten, die Derrida und die europäischen Philosophen des 20. Jahrhunderts für unerreichbar hielten, schon nähergekommen? Hat die heutige Gesellschaft neue Fragen aufgeworfen, die die Philosophen zu lösen versuchen?

Als Descartes im 17. Jahrhundert verkündete: „Ich denke, also bin ich", identifizierte er den Geist mit dem Bewusstsein, unterschied ihn vom Gehirn und fügte dem uralten Geist-Körper-Problem einen Dualismus hinzu. Heute, da die Wissenschaft Fortschritte macht und die Neurowissenschaften große Sprünge in unserem Verständnis des Gehirns und seiner Funktionsweise machen, wird das Problem des Bewusstseins immer noch erforscht.

David Chalmers (geb. 1966), der australische Philosoph und Kognitionswissenschaftler, prägte den Begriff des „schwierigen Problems" des Bewusstseins: Warum haben wir subjektive Erfahrungen von Bewusstsein? Wir wissen, was im Gehirn physisch vor sich geht – das können wir in Gehirnscans sehen –, aber das „schwierige Problem" ist, wie wir erklären können, warum jeder von uns seinen eigenen „inneren Film" laufen hat, der es uns ermöglicht, die Welt um uns herum zu sehen und zu erleben. Warum laufen wir nicht alle wie Roboter herum?

Dies bringt uns zu einem weiteren dringenden philosophischen Thema: künstliche Intelligenz (KI) und die damit verbundenen Fragen zum Bewusstsein und zu unserem Verhältnis zu den fortschreitenden Technologien. Wenn das Bewusstsein eine universelle Qualität hat und in unterschiedlichem Maße in allem zu finden ist (was Chalmers in Erwägung zog), was sind dann die ethischen Implikationen für KI? Wenn wir Technologien schaffen können, die über ein menschenähnliches Verständnis und Handeln verfügen, haben sie dann Rechte wie Menschen? Oder sollten wir sie, wie der Philosoph **Daniel Dennett** (geb. 1942) vorschlägt, einfach an ihrem Platz belassen und ihnen keine menschlichen Eigenschaften zuschreiben, da sie ja schließlich nur Maschinen sind?

Angesichts der technologischen Fortschritte im Bereich der künstlichen Intelligenz, die zu menschenähnlichen Robotern führen, stellen wir uns die Frage: Was macht einen „Menschen" aus? In einer Welt, in der alle Aspekte unseres biologischen, psychologischen und genetischen Aufbaus manipuliert werden können, wird diese Frage immer komplexer.

Die post-strukturalistische, politische und feministische Philosophin **Judith Butler** (geb. 1956) erforscht einen Aspekt davon in ihrer Arbeit über Gender-Per-

formativität. In Das *Unbehagen der Geschlechter* geht
sie davon aus, dass wir wissen, wie wir weiblich oder
männlich sind, weil wir ständig Handlungen ausführen,
die diesen Geschlechtern entsprechen. Durch das Ko-
pieren und Wiederholen von Handlungen, die dem
weiblichen oder männlichen Geschlecht entsprechen,
werden wir weiblich oder männlich. Sie stellt das Konzept des binären Geschlechts in Frage (dass der Mensch
von Natur aus einem von zwei Geschlechtern angehört)
und hat großen Einfluss auf die zeitgenössische feministische und Queer-Theorie sowie auf die Ethik.

Da immer mehr Frauen in der philosophischen
Szene auftauchen, hofft man, dass nach Tausenden von
Jahren männlicher Dominanz die westliche Philoso-
phie in Zukunft integrativer und repräsentativer für die
Gesellschaft als Ganzes sein wird. In der Tat sind jetzt
Philosoph*innen aus der ganzen Welt Teil des philo-
sophischen Gesprächs und ebnen den Weg für eine
„globalere" Philosophie.

Wie kann uns die Philosophie im 21. Jahrhundert
helfen, ein besseres Leben zu führen? Für **Alain de
Botton** (geb. 1969), den in der Schweiz geborenen britischen Philosophen und Schriftsteller, kann die Philosophie uns helfen, uns selbst und andere besser zu
verstehen, und sie kann als therapeutisches Mittel eingesetzt werden. In Trost der Philosophie (2000) untersucht er, wie die Beschäftigung mit den großen Philo-

sophen – Sokrates, Epikur, Nietzsche, Schopenhauer und Seneca – uns in schwierigen Zeiten trösten kann, wenn wir uns unzulänglich oder unbeliebt fühlen, wenn wir das Gefühl haben, nicht genug Geld zu haben, oder wenn wir ein gebrochenes Herz haben. Im Jahr 2008 war er Mitbegründer von The School of Life, einem Bildungsunternehmen, das Menschen ein Forum bietet, die Fragen des Lebens mit Hilfe der Philosophie zu erkunden.

Wie alle Epochen der Geschichte, die wir in diesem kleinen Buch besprochen haben, braucht auch das 21. Jahrhundert radikale Denker mit radikalen Ideen. Wie wir gesehen haben, haben Philosophen im Laufe der Zeit alles über den Haufen geworfen. Sie wurden für ihre Ideen exkommuniziert, verbannt oder ins Gefängnis gesteckt; einige, wie der arme Sokrates, wurden sogar getötet, weil ihre Ideen unser Verständnis des menschlichen Lebens und der Welt um uns herum in eine völlig neue Richtung führten. In einer Welt, in der uns eine Fülle von Informationen und Fehlinformationen zur Verfügung steht, brauchen wir mehr denn je philosophisches Nachdenken. Große Fragen zu stellen und zu erforschen, neugierig zu sein und sich über das Leben zu wundern – das sind die Dinge, die den Kern der Philosophie ausmachen.

Fünf philosophische Fragen

Wie wir zu Beginn dieses kleinen Buches sagten, besteht das Ziel der Philosophie darin, die großen Fragen des Lebens zu stellen und zu erforschen, um unser Leben zu verbessern oder das „Aufblühen" zu fördern, den schönen Begriff, den Philosophen verwenden, wenn sie über ein gutes Leben sprechen. Aufblühen bedeutet, das Leben in vollen Zügen zu genießen und die meiste Zeit positive Gefühle, psychologisches Wohlbefinden und soziales Glück zu erleben. Wohlbefinden und Glück sind das, was Aristoteles mit seinem Konzept der *eudaimonia* anstrebte. Aristoteles sagte, das Ziel der praktischen Philosophie sei es, herauszufinden, wie *eudaimonia* erreicht werden kann, und wie wir in diesem Buch erforscht haben, haben Philosophen seit Tausenden von Jahren versucht, Antworten auf diese großen Fragen zu geben, Antworten, die den Menschen helfen können, sich zu entfalten. Auf den letzten Seiten werden wir uns kurz mit fünf der großen Fragen beschäftigen und sehen, was Philosophen im Laufe der Jahre daraus gemacht haben. Aber dann sind Sie an der Reihe: Wie kann die Philosophie Ihnen helfen, sich zu entfalten, und was werden Sie vom Leben verlangen?

WER BIN ICH?

Was macht uns zu dem, was wir sind? Sind wir das, was wir denken, fühlen, worüber wir reflektieren, woran wir uns erinnern?

Sind wir nur ein physisches Wesen mit etwa hundert Billionen Zellen, das wie eine Maschine funktioniert, selbst unsere geistige Leistung, wie die Materialisten uns glauben machen wollen? Oder haben wir einen Geist, der völlig anders funktioniert als unser Körper – der cartesianische Dualismus von Geist und Körper, wie Descartes ihn vorschlägt? Das Geist-Körper-Problem beschäftigt die Philosophen auch heute noch.

Wenn wir dem cartesianischen Dualismus folgen und glauben, dass der Geist oder die geistigen Wahrnehmungen außerhalb des materiellen Körpers existieren, dann besteht die Möglichkeit, dass jeder von uns eine Seele hat. Aristoteles glaubte, dass der Verstand oder die Seele das Wesen eines jeden Lebewesens ist; und viele Religionen glauben, dass die Seele weiterlebt, wenn der Körper stirbt, also muss sich diese Seele, der Verstand, der Geist oder das Bewusstsein, wie wir es nennen, von unserem physischen Körper unterscheiden, oder?

Jeder von uns ist eine sich ständig verändernde Mischung aus körperlichen Eigenschaften und geistigen

Wahrnehmungen, unser emotionales und psychologisches Wesen. Alles, was wir denken, fühlen, tun, woran wir uns erinnern und was wir uns vorstellen, trägt dazu bei, uns zu dem zu machen, was wir sind.

Für **Gilbert Ryle** (1900–1976), den britischen Philosophen, der den cartesianischen Dualismus kritisierte, sind das menschliche Bewusstsein und der Geist vollständig vom menschlichen Gehirn abhängig, und die Idee einer Seele oder eines Geistes ist wissenschaftlich unbegründet und einfach nur „der Geist in der Maschine". In dem Maße, wie sich unser Verständnis der Funktionsweise des Gehirns durch die Fortschritte der Neurowissenschaften verbessert, entwickeln sich auch unsere Vorstellungen darüber, was uns zu dem macht, was wir sind, ständig weiter.

WAS IST RICHTIG ODER FALSCH?

Wer entscheidet also, was richtig und falsch ist? Und haben sie Recht? Seit Tausenden von Jahren stützen Gesellschaften ihre Moral auf religiöse Erlasse. Im Christentum und im Judentum gibt es beispielsweise die zehn Gebote, die vorschreiben, wie man sich richtig und falsch verhält. In den meisten modernen, säkularen Gesellschaften gibt es Regeln und Gesetze, die richtiges und falsches Verhalten regeln. Einige Philosophen, die sogenannten Ethischen Intuitionisten, sind der Meinung, dass die meisten Menschen intuitiv wissen, was richtig und falsch ist: „moralische Wahrheiten" existieren außerhalb unserer Entscheidungsfindung, brauchen wir also wirklich Gesetze oder Regeln?

Die Ethik befasst sich mit Entscheidungen darüber, was richtig und was falsch ist. Diese Entscheidungen können durch eine strenge Prüfung moralischer Grundsätze und ethischer Probleme getroffen werden, z. B.: Ist es immer richtig, dass wir nicht töten dürfen? Ist Abtreibung falsch? Ist es richtig, Fleisch zu essen? Einzelpersonen und Gemeinschaften werden aufgrund ihrer eigenen Vorurteile und Überzeugungen unterschiedliche Antworten geben, sodass es unmöglich ist, objektive moralische Wahrheiten zu ermitteln. Die Entscheidung darüber, was richtig und falsch ist, wird letztlich immer von Geschichte, Kultur, politischer Macht, Religion, dem menschlichen Gewissen und dem Wunsch, das Richtige und Gute zu tun, beeinflusst.

FREIER WILLE ODER DETERMINISMUS?

Freier Wille bedeutet, dass man frei handeln kann, ohne dass einem das Schicksal oder die Notwendigkeit in die Quere kommt. Der Determinismus hingegen besagt, dass alle Handlungen und Ereignisse durch äußere Kräfte bestimmt sind. Wenn wir Entscheidungen treffen, vor allem die großen, lebensverändernden, sind wir dann frei zu wählen? Oder sind äußere Kräfte am Werk, die bestimmen, was wir aus unserem Leben machen können? Haben diese äußeren Kräfte – das politische System, in dem wir leben, die genetische Veranlagung, die wir geerbt haben, Kräfte des Schicksals oder vielleicht ein allwissender Gott – alle unsere Handlungen im Voraus festgelegt? Bestimmt die wirtschaftliche oder soziale Schicht, in die wir hineingeboren werden, den Weg, den wir im Leben gehen? Oder sind wir alle völlig frei, zu tun, was wir wollen? John Locke hielt den freien Willen für eine Illusion und veranschaulichte dies mit der Geschichte eines Mannes, der im Schlaf in einen Raum getragen und dann eingeschlossen wird. Als er aufwacht, entscheidet er sich, dort zu bleiben, ohne zu wissen, dass er den Raum nicht verlassen kann. Wenn er sich entscheidet zu gehen, wird er feststellen, dass er überhaupt nicht frei wählen kann: Die verschlossene Tür hat das Ergebnis seiner Handlung bestimmt. Wenn

Locke Recht hat, wenn wir keinen freien Willen haben und alle unsere Handlungen von Kräften bestimmt werden, die sich unserer Kontrolle entziehen, können wir dann moralisch für unsere Handlungen verantwortlich gemacht werden?

Einige Philosophen sind der Meinung, dass wir uns zwischen dem freien Willen und dem Determinismus befinden. Den Stoikern zufolge besteht der Schlüssel darin, seinen Willen so frei wie möglich auszuüben und zu akzeptieren, dass man auf Situationen stößt, in denen man seine Entscheidungen treffen muss. Das Wichtigste ist, dass man die Verantwortung für sein Leben so weit wie möglich übernimmt.

WAS GESCHIEHT NACH DEM TOD?

Die Frage, ob etwas von uns nach dem Tod weiterlebt, ist eine der großen Fragen des Lebens, und Philosophen haben seit Tausenden von Jahren Ideen dazu entwickelt. Die antiken Philosophen Sokrates und Platon glaubten, dass die Seele nach dem Tod des Körpers weiterlebt, während Epiktet die Ansicht vertrat, dass mit dem Tod des Körpers die Seele oder der Geist einfach aufhört zu existieren. Beide Theorien versuchen, die Angst vor dem Tod zu lindern oder die unverständliche Vorstellung zu zerstreuen, dass nach dem Tod nichts mehr da ist.

Theistische Theorien über das Leben nach dem Tod reichen vom buddhistischen Konzept der Reinkarnation und dem ultimativen Ziel nach dem Tod, dem Nirwana, bis hin zu den christlichen Vorstellungen von Himmel und Hölle. Die Hindus glauben, dass die Seele oder der Atman den Körper verlässt und sich selbst reinkarniert, während die Muslime an ein Paradies (Dschanna) und eine Hölle (Dschahannam) glauben. Verbunden mit diesen Vorstellungen vom Leben nach dem Tod ist der Glaube, dass Menschen, die in diesem Leben das Richtige tun und an Gott glauben, in ein besseres Leben nach dem Tod gelangen werden.

Aber kann das empirisch bewiesen werden? Die Antwort ist ein kategorisches Nein. Neurowissenschaftler, die den Standpunkt des Physikalismus vertreten (alles ist physisch, nichts existiert jenseits des Physischen), sagen, dass das Bewusstsein ein Ergebnis der Neuronen ist, die im Gehirn feuern, und wenn das Gehirn stirbt, stirbt auch die Aktivität, die den Geist erzeugt. Welche Theorie auch immer zutrifft, es lohnt sich wirklich nicht, sich darüber Gedanken zu machen, wie Mark Aurel, der große römische Stoiker, in seinen Meditationen sagte: „Nicht den Tod sollte der Mensch fürchten, sondern dass er nie zu leben beginnt."

WAS IST DER SINN DES LEBENS?

Für viele Menschen liegt der Sinn des Lebens in spiritueller oder religiöser Kontemplation. Jahrtausendelang suchten die Menschen bei ihren Göttern oder ihren spirituellen Führern oder Gurus nach dem Sinn ihres Lebens und einem höheren Sinn. Aber Nietzsches Erklärung, „Gott ist tot", und die Idee des Überlebens des Stärkeren, die aus der wissenschaftlichen Revolution hervorging, legten nahe, dass der Sinn des Lebens einfach in der Fortpflanzung der Art liegen könnte, und die Vorstellungen darüber, dass das Leben überhaupt einen Sinn hat, wurden über den Haufen geworfen.

Das Leben kann, wie Camus sagte, ziemlich absurd und bedeutungslos erscheinen – aber wir können uns der Absurdität stellen und das Leben in vollen Zügen, mit Leidenschaft und Authentizität leben. Die Erkenntnis, das Leben habe keinen objektiven Sinn, bedeutet, dass es an Ihnen liegt zu entscheiden, was Ihr Sinn des Lebens ist. Es könnte sein, dass Sie sich mit anderen Menschen verbinden und wunderbare, liebevolle, familiäre Beziehungen und Freundschaften aufbauen, oder dass Sie Ihr volles Potenzial ausschöpfen, nach Weisheit und Wissen streben und sich Ihre Träume erfüllen. Vielleicht finden Sie einen tiefen Sinn in der Natur, in der Kunst oder im Dienst an anderen. Wir mögen nur winzige Punkte in einem riesigen Universum sein, aber in unserem eigenen kleinen Raum der Zeit sind wir von enormer Bedeutung.

Weiterführende Leseempfehlungen

Wenn Ihnen dieses Buch gefallen hat und Sie mehr über die darin behandelten Themen erfahren möchten, so sind die folgenden Webseiten und Bücher ein guter Anfang:

EINFÜHRUNGEN UND ALLGEMEINES:

Philosophie des Abendlandes. Ihr Zusammenhang mit der politischen und der sozialen Entwicklung, Bertrand Russell, 1945

Trost der Philosophie. Eine Gebrauchsanweisung, Alain de Botton, 2000

Philosophie fürs Leben: ... und für andere gefährliche Situationen, Jules Evans, 2012

Philosophy: The Basics, Nigel Warburton, 2007

Grundlagen der Philosophie: Einführung in die Geschichte und die Kerndisziplinen, Bernd Waß und Heinz Palasser, 2020

Die großen Philosophen und ihre Probleme: Vorlesungen zur Einführung in die Philosophie, Konrad Paul Liessmann, 2003

ROMANE:

Zen und die Kunst, ein Motorrad zu warten, Robert Pirsig, 1974

Sofies Welt, Jostein Gaarder, 1991

Der Fremde, Albert Camus, 1942

Sie kam und blieb, Simone de Beauvoir, 1943

Also sprach Zarathustra, Friedrich Nietzsche, 1883–1891

ANTIKE PHILOSOPHIE:

Der Staat, Platon, ca. 380 v. Chr.

Nikomachische Ethik, Aristoteles, ca. 340 v. Chr.

Meditationen, Mark Aurel, 161–180 n. Chr.

ÖSTLICHE PHILOSOPHIE:

Tao Te Ching, Laotse, ca. 6.–4. Jhr. v. Chr.

Analekten, Konfuzius, ca. 475–221 v. Chr.

Die Upanishaden, ca. 800–500 v. Chr.

Die Bhagavad Gita, ca. 5.–2. Jhd. v. Chr.

Der Weg des Zen, Alan Watts, 1957

MITTELALTERLICHE UND MODERNE PHILOSOPHIE

Meditationen über die Erste Philosophie, Rene Descartes, 1641

Der Fürst, Niecolò Machiavelli, ca. 1513

Die Kritik der reinen Vernunft, Immanuel Kant, 1781

Jenseits von Gut und Böse, Friedrich Nietzsche, 1886

EXISTENZIALISMUS

Das Café der Existenzialisten: Freiheit, Sein und Aprikosencocktails, Sarah Bakewell, 2016

Der Mythos des Sisyphos, Albert Camus, 1942

Sein und Nichts, Jean-Paul Sartre, 1943

Das andere Geschlecht, Simone de Beauvoir, 1949